奈良國立文化財研究所史料第七冊

唐招提寺史料

第一

奈良國立文化財研究所編

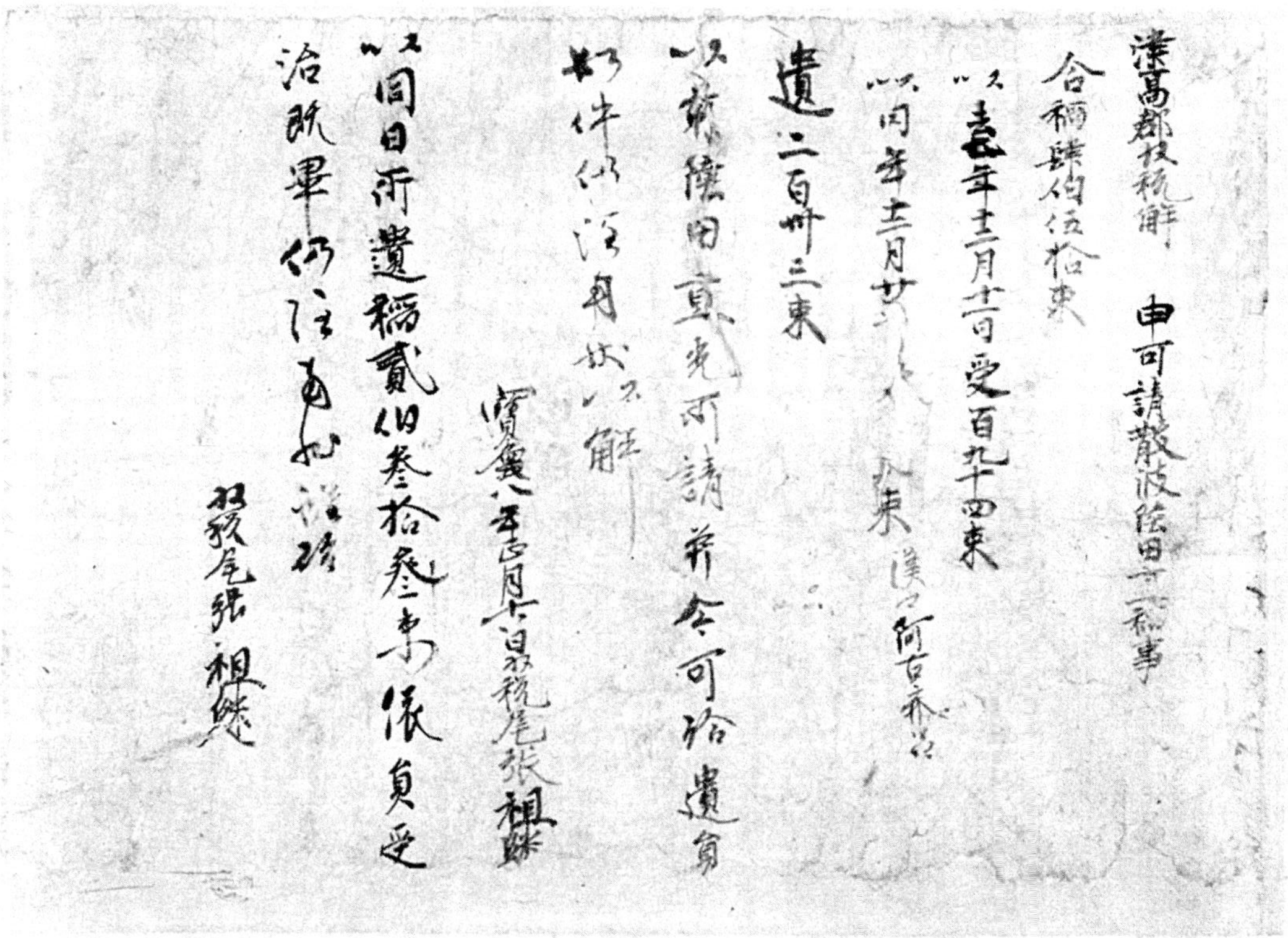
津高郡收税解　申可請散被除田苗子稲事
合稲肆伯伍拾束
以去年十二月十一日受百九十四束
以同年十二月廿七日受束　漢部阿古麻呂
遺二百卅二束
以被除田苗子可請并今可徴遺負
以件仍注具状以解
寶龜八年四月十六日収税尾張祖継
以同日所遺稲貳伯参拾参束依負受
治既畢仍注事状
收税尾張祖継

備前國津高郡收税解（第五號）

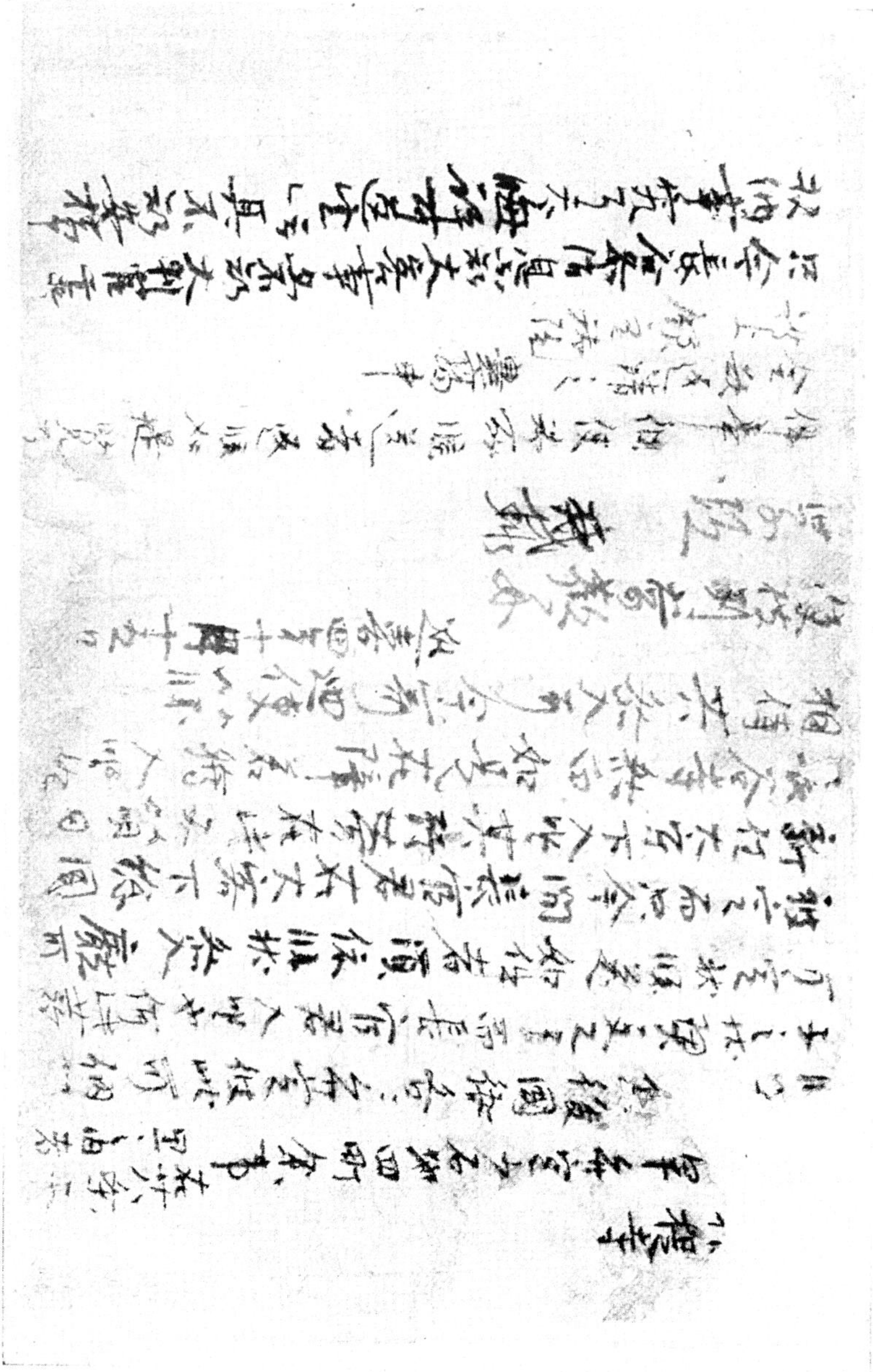

唐招提寺使牒（第一六號）

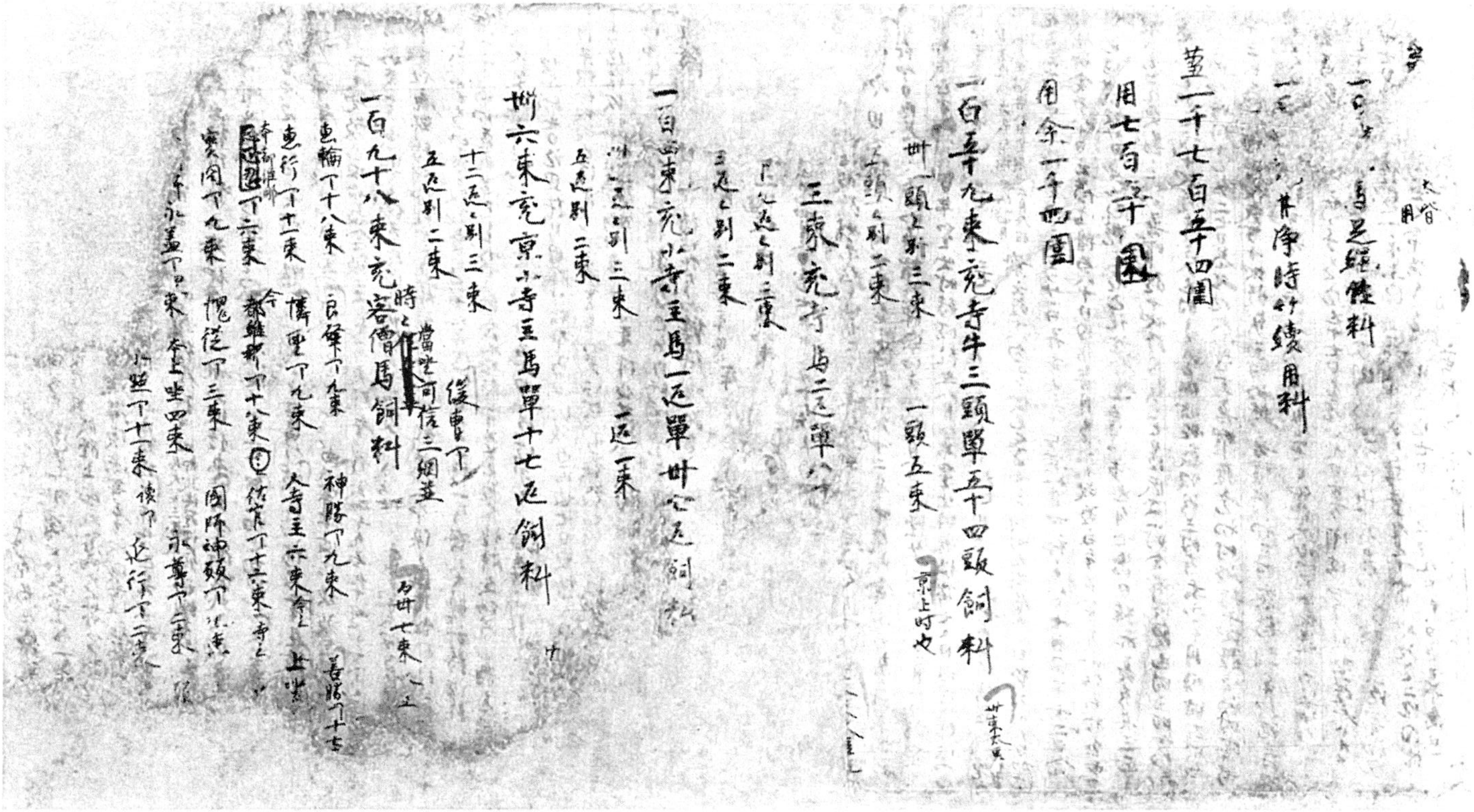

唐招提寺用度帳（末尾）（第二三號）

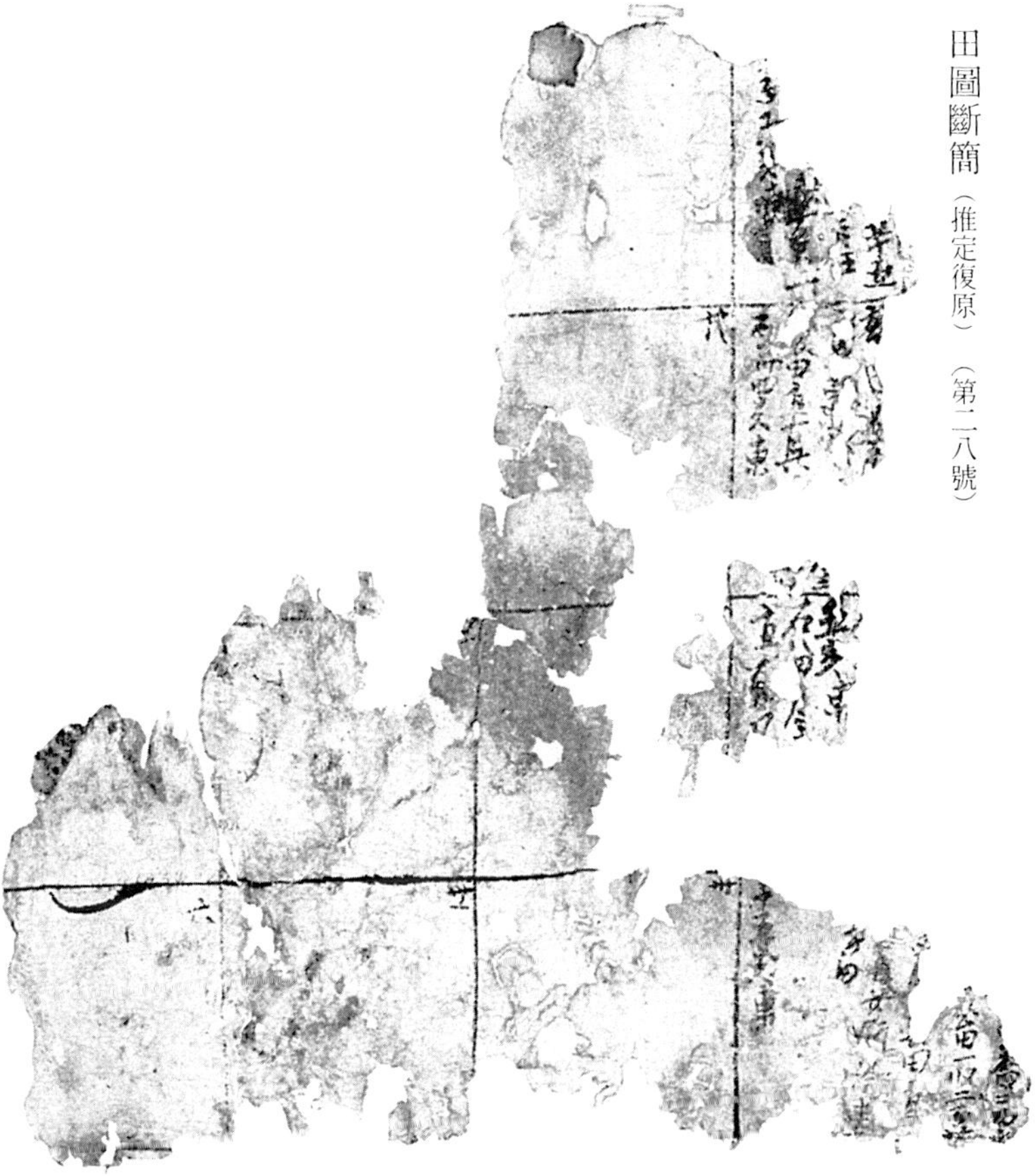

田圖斷簡（推定復原）（第二八號）

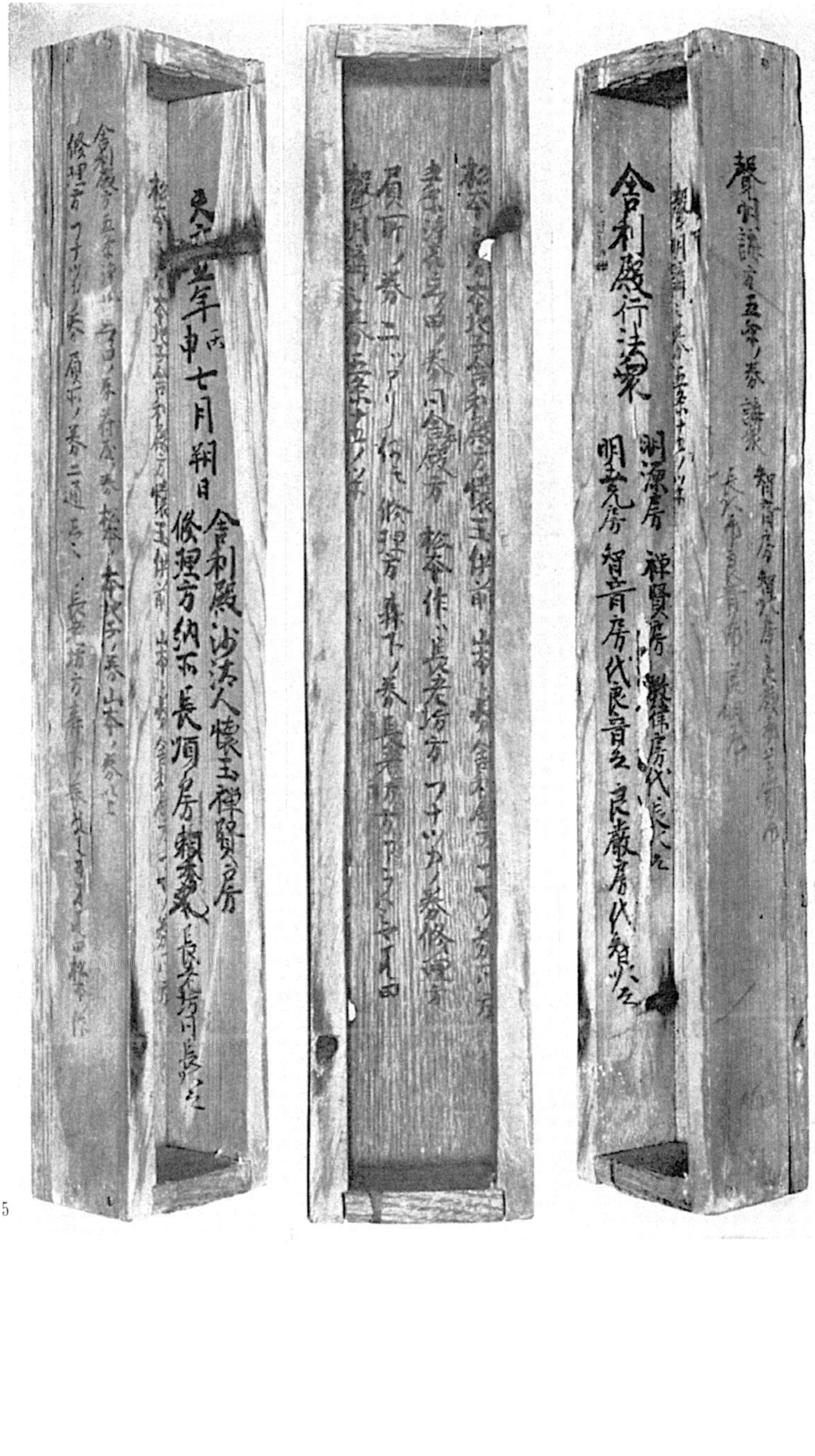

文書奉納箱（第五二號）

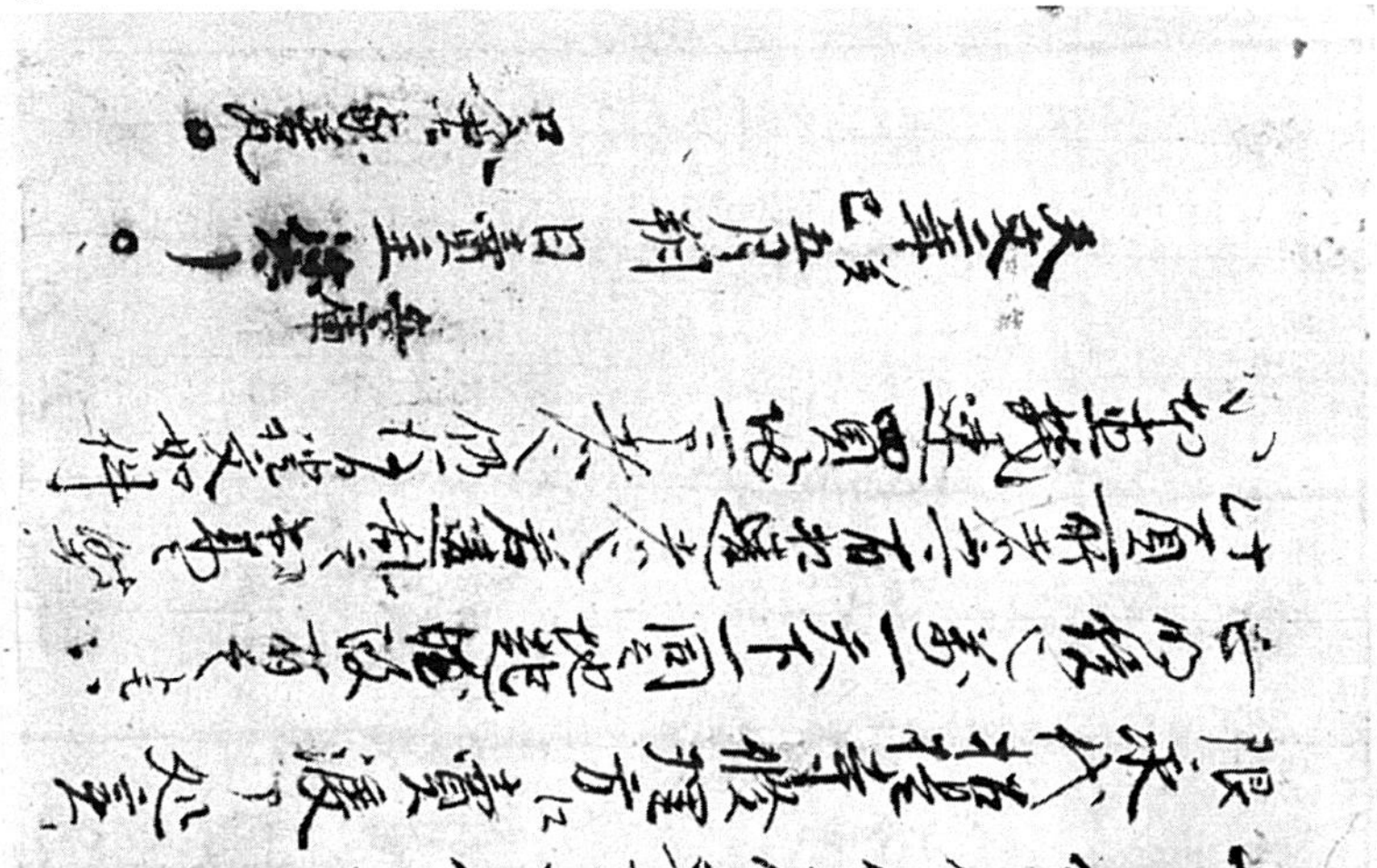

兵庫彌太郎負所賣券（第五四號）

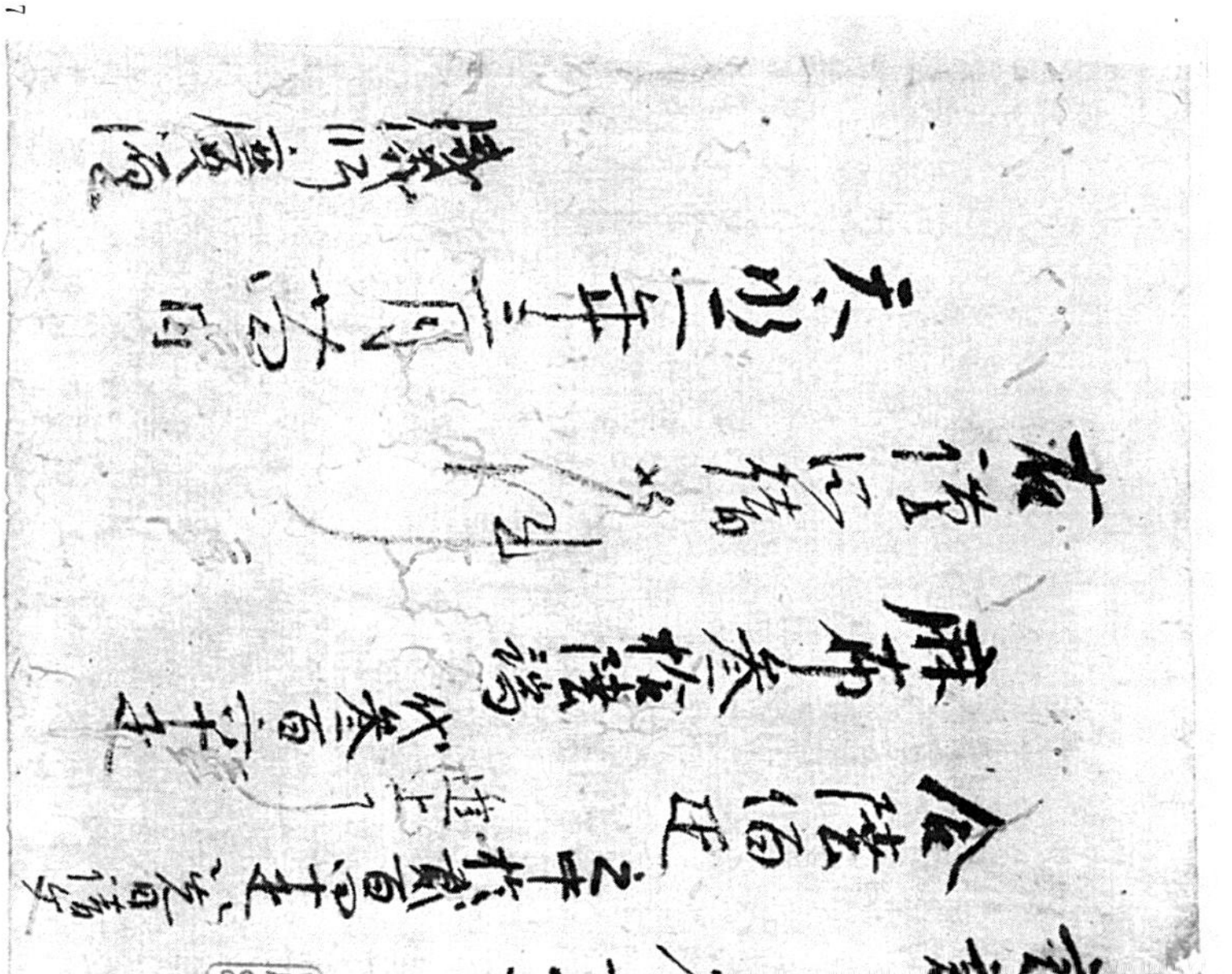

威儀師慶源奉直請文（第六三號）

石清水八幡宮祠官要略抄

一 景行天皇御宇三年丁酉、武内宿祢御誕生

同五十一年辛未、同宿祢始為棟梁臣云々

一 仁徳天皇御宇五十五年丁卯、同武内薨 或説五年 隠給云々

一 武内大臣六代朝奉仕 景行 成務 仲哀 神功 應神 仁徳

或書云、報于来哀還給時攝身吉田入 死所云々、三百六十歳

一 書云對来

三百三十歳

草郡宇治御入堂

一 成務天皇三年正月、為大臣

武内大臣始也

三百歳云々、因幡國宇倍宮山中ニ衣冠

入常陸國、封残星一而来被留行跡云々

為御今日御当在所ノ墓所ト奉崇ケリ

一 應神天皇九年四月、武内ヨリ甑ヲ天下ニ百姓ヲ

今見時、昔ヨリ表内宿祢ヲ蔵ニ定テ

序

奈良國立文化財研究所は創設以來、主たる研究テーマの一つとして南都七大寺の研究を取り上げ、今日まで繼續實施している。

南都七大寺は文化財の寶庫として他に比肩するものが少く、すでに多くの研究がなされている現在でも、なお未調査・未整理の資料が多數傳えられている。これらの調査研究は當研究所の美術工藝・建造物・歴史三研究室が互に協力して行つており、その成果の一部は既に奈良國立文化財研究所學報・同史料として公刊しているが、しかしそこに收められたものは調査によつて得られた資料のごく一部に過ぎず、なお未發表の資料が多數あり、一日も早くそれらを整理公表することが要求されている。そこでこの度は比較的整理の進んでいる唐招提寺關係の史料を翻刻することにし、歴史研究室が擔當調査した文獻資料中より、古文書ならびに寺誌關係のものを集め、唐招提寺史料として逐次刊行することとした。

尨大な資料を調査するためには長年月を要したが、その間唐招提寺長老森本孝順師を始め同寺の方々の全面的な御援助、御協力がなければ十分な調査ならびにこの出版は全く不可能なことであつた。また調査に際しては東大寺の堀池春峰・新藤晋海両氏には常に御協力を頂いた。さらに他の多くの方々にも調査ならびに出版に際して御教示を頂いている。ここに記して甚深の感謝を捧げたい。

なお本書の題字は森本長老より頂戴したものである。併せてあつく御禮申上げたい。

昭和四十六年三月

奈良國立文化財研究所長

松　下　隆　章

例言

一　ここに収めたのは唐招提寺現蔵の古文書のうち成巻となっているもの十七巻、および寺外に流出したもののうち關連のあるもの六點である。

一　異體・略體文字は正字體に改めるのを原則としたが、一部は原本に従って殘した。主なものは次の通りである（括弧内は正字）。

㝡（最）　辞（辭）　薗（園）　旱（畢）　与（與）　条（條）　円（圓）　仏（佛）　筭（算）

弥（彌）　万（萬）　伇（役）　献（獻）　号（號）　粁（料）　豊（豐）　弁（辨）　台（臺）

躰（體）　尒（爾）　礼（禮）　宝（寶）　乱（亂）　渕（淵）　柒（漆）　珎（珍）　弃（棄）

无（無）　旧（舊）　𦬇（菩薩）　𦬊（菩提）

一　新たに讀点（、）、竝列點（・）を施し、編者において加えた文字にはすべて次の二種の括弧を施した。括弧は原則として右傍に加えたが、割書等においては左傍に加えた場合もある。

〔　〕　校訂に關する注のうち、本文に置換るべき文字を含むもの。

（　）　右以外の校訂注・説明注。

一　本文に加えた符號は次の通りである。

□□□　欠損文字

「　」　（異筆）（追筆）（端裏書）等の範囲を示した。

ゎ　原文に加えられている補書の入るべき場所を示した符號。

ミ　（文字の左傍）　抹消の符號。

ヒ　（主として文字の左傍）　原本に加えられている抹消の符號。

〔×　〕　文字の上に重書して原字を訂正している場合、訂正個所の左傍に・を附し原字を上の要領で右傍に示した。

■　■　判讀不能の抹消文字。

〔　カ〕　編者の加えた注で疑問の残るもの。

（ママ）　文字に疑問はないが意味の通じ難いもの。

＼　合點。

⋯　朱合點。

一　解讀困難又は疑點の多い文字については字體を模して示した。

一　欄外には本文の事實・事項等の中で主なものを選んで標出した。また一部に校訂注を示した。

唐招提寺史料 第一

目次

六　（年月日未詳）　山城國相樂郡司解（後闕）……七
七　天平寶字八年十月□日　山城國相樂郡祝園鄕長解（後闕）……七
八　（年月日未詳）　永原穀子等墾田幷家地賣券案（後闕）……八
九　（年月日未詳）　唐招提寺符案（後闕）……九
〔紙背〕（年月日未詳）　氏名未詳田地賣劵斷簡（前後闕）……一〇
一〇　貞觀十六年四月十九日　廣津福主田直錢請文……一一
一一　貞觀□年八月廿三日　伊福部某墾田直錢請文……一二
一二　（年月日未詳）　氏名未詳田地寄進狀案斷簡（前後闕）……一二
一三　（寬平年間）四月廿五日　山背某池地直錢請文……一三
一四　（年月日未詳）　氏名未詳田地寄進狀案（後闕）……一四
一五　延喜元年十一月七日　河內國符案……一五
一六　延喜四年十月十五日　唐招提寺使牒……一六
一七　延喜七年七月十三日　請物使某請文……一七
一八　（延喜年間）七月廿二日　氏名未詳施入狀斷簡（前闕）……一八

〔唐招提寺古文書集　黃之卷〕

〔唐招提寺古文書集　宇之巻〕

〔唐招提寺古文書　洪之巻〕

〔照珍長老文書〕

九〇　文祿二年二月廿三日　律師照珍西堂職補任狀……一〇三
九一　慶長九年三月十八日　僧照珍諷誦文案……一〇四
九二　慶長九年九月吉日　僧照盛請文……一〇四
九三　慶長十年三月日　傳香寺傳法灌頂職衆請定……一〇五
九四　元和六年十二月吉日　僧照珍置文……一〇六
九五　寛永四年三月日　寶囿照珍傳香寺讓狀……一〇九
九六　寛永四年三月日　寶囿照珍置文……一一〇
九七　寶囿照珍辭世懷紙……一一一
九八　慶長十八年十一月日　寶囿照珍遺戒偈……一一一

〔唐招提寺舊藏田券寫〕

九九　寶龜十一年四月三日　越前國坂井郡司解……一一四
一〇〇　大同元年十一月十日　大和國添下郡司解……一一五
一〇一　弘仁十四年十二月九日　近江國坂田郡長岡鄉長解……一一六
一〇二　天長九年四月廿五日　近江國坂田郡大原鄉長解寫……一一八

〔唐招提寺古文書集　東大寺（荒之卷）〕

〔八幡善法寺文書　第一〕

〔八幡善法寺文書　第二〕

一五二　應永廿年十二月廿五日　公文慶賢大交野南庄公文給田賣券……二〇七
一五三　永享六年四月廿五日　大内持世書狀……二〇七
一五四　寶德三年四月廿九日　杉宗國書狀……二〇八
一五五　應仁二年十一月十七日　豐前國守護大内氏政弘年寄連署奉書（折紙）……二〇九
一五六　明應四年　善法寺領九州五ヶ所正稅所納日記……二〇九
一五七（明應六年カ）　善法寺領西國三ヶ所正稅進納注文案……二一四
〔紙背〕　二月廿三日　慈雄書狀……二一七
〔八幡善法寺文書　第三〕
一五八　文明十四年三月　日　畠山政長禁制案……二一八
一五九　明應二年三月十七日　將軍足利義稙御判御教書案……二一八
一六〇　十二月廿　日　善法寺興清書狀案……二一九
〔紙背〕（年月日未詳）　慈雄書狀案……二一九
一六一　文龜二年四月十三日　室町幕府奉行人連署奉書……二二〇
一六二　永正元年九月卅日　細川政元德政制札案……二二一

一六三　十月二日　室町幕府奉行人連署奉書案（折紙）……二二一
一六四　永正元年十月二日　室町幕府奉行人連署徳政制札案……二二二
一六五　永正元年十月二日　室町幕府奉行人連署徳政制札案……二二三
一六六　永正十二年十一月十二日　弘中越後守武長書状……二二四
一六七　天文九年十二月十三日　尼妙金私領田地賣券……二二五
一六八　三月十三日　武勝書状……二二六
一六九　（弘治三）十二月廿七日　善法寺掌清書状……二二七
一七〇　八月三日　内藤盛貞奉書……二二七
一七一　二月七日　池内長延書状……二二八
一七二　二月十一日　安富正員書状……二二九
一七三　三月十二日　内海忠久・河田家滿連署書状……二三〇

〔八幡善法寺文書　第四〕

一七四　十月廿五日　大館常興書状……二三一
一七五　十月五日　杉弘依書状……二三一

〔八幡善法寺文書　第五〕

一九〇　文明五年六月廿八日　善法寺本尊道具目録……二四四

〔八幡古文書〕

一九一　文祿二年二月二日　松田甚藏入道玄朝山寄進狀……二四九
一九二　文祿二年二月二日　松田甚藏入道玄朝山賣劵……二四九
一九三　天正四年六月　日　石清水八幡宮社僧中言上狀……二五〇
一九四　天正十二年三月十五日　栗本房春乘筑紫諸檀那職賣劵……二五一
一九五　元龜三年十二月廿六日　薗小谷家秀畠地賣劵……二五二
一九六　天文十九年五月廿六日　片岡元俊屋敷賣劵……二五二
一九七　天文廿一年九月廿七日　落合勝經屋敷賣劵……二五三
一九八　大永三年八月　日　山路道久後家畠地賣劵……二五四
一九九　永正五年四月　日　八幡報恩寺雜掌敎重申狀……二五五
二〇〇　明應九年六月廿六日　光津屋敷賣劵……二五六

二〇一　明應四年十二月十日　孫三郎田畠賣券……二五七
二〇二　明應元年十二月三日　覺乘田畠賣券……二五八
二〇三　延德三年八月四日　赤佐秀久近江國岸本鄉代官職請文……二五八
二〇四　文明三年十一月廿七日　紺座執行在廳能宗御菜田賣券……二六〇
二〇五　應仁三年三月十六日　松屋左衞門大夫屋敷賣券……二六〇
二〇六　寬正五年十月五日　圓滿寺僧又海屋敷賣券……二六一
二〇七　寬正五年七月四日　尊圓田畠賣券……二六二
二〇八　康正元年十二月八日　善乘等連署屋敷賣券……二六三
二〇九　寶德四年正月廿四日　八幡報恩寺僧尊憙讓狀……二六四
二一〇　應永卅一年十月十日　從位右衞門太郎行師國成屋敷預ケ狀……二六四
二一一　永享十二年十一月十五日　法師權大僧都了尊讓狀案……二六五
二一二　永享十二年七月廿五日　うをやめうきん屋敷質入契約狀……二六六
二一三　永享三年八月廿五日　阿古女屋敷賣券……二六七
二一四　貞治五年七月廿六日　菅原氏女屋敷賣券……二六八

〔石清水八幡宮祠官要略抄〕

〔石清水八幡宮祠官要略抄紙背文書〕

〔附錄〕

圖版目次

口繪

折込圖版

唐招提寺文書　天之巻

一　家屋資財請返解案（後闕）

○某寺朱方印（「觀音寺印」カ）首尾繼目ニ二顆アリ、紙背ニ某寺領圖アリ、

（端書）（異筆、紙背某寺領圖端裏書カ）
「□寶〔寶カ〕二年二月十二日給頭経大夫」

解　中依父母家并資財奪取請□事

某姓ム甲　左京七條一坊□外従五位下ム甲

合家肆區　一區无物□在右京□

壹區　板倉參宇二宇稻積滿
一宇雜物積
檜皮葺板敷屋一□　板屋一宇物在　並父所□

草葺厨屋一宇
板屋三宇　並在雜物□

在右京七條三坊　壹區板□
板屋二宇　□家
□□□〔草葺板〕敷東屋一宇

在右京七條三坊　壹區　草葺板倉 板屋一□〔宇〕
草葺屋一宇　並空　釜一口　甑三口
板屋三宇　　　　　馬船二隻　□□□□□
上件貳家、父母共相成家者、
以前、ム甲可親父、ム國守補任弖退下支、然間以去寶字
死去、然尓父可妹三人同心弖、處々尓
奪取、此乎ム甲哭患良久□□□□〔父我禮喪〕
間不久在利、然毛ム甲可弟佟辷ム甲可父尓從□〔弖〕
彼可參上來奈牟時尓、ム甲可不　牟□〔止カ〕
卽職乃符波久、汝何申事□〔諸カ〕
遣弖、所々家屋倉幷雜物等□〔乎〕
期限波不待弖更職乃使條令
倉稻下幷屋物等乎毛

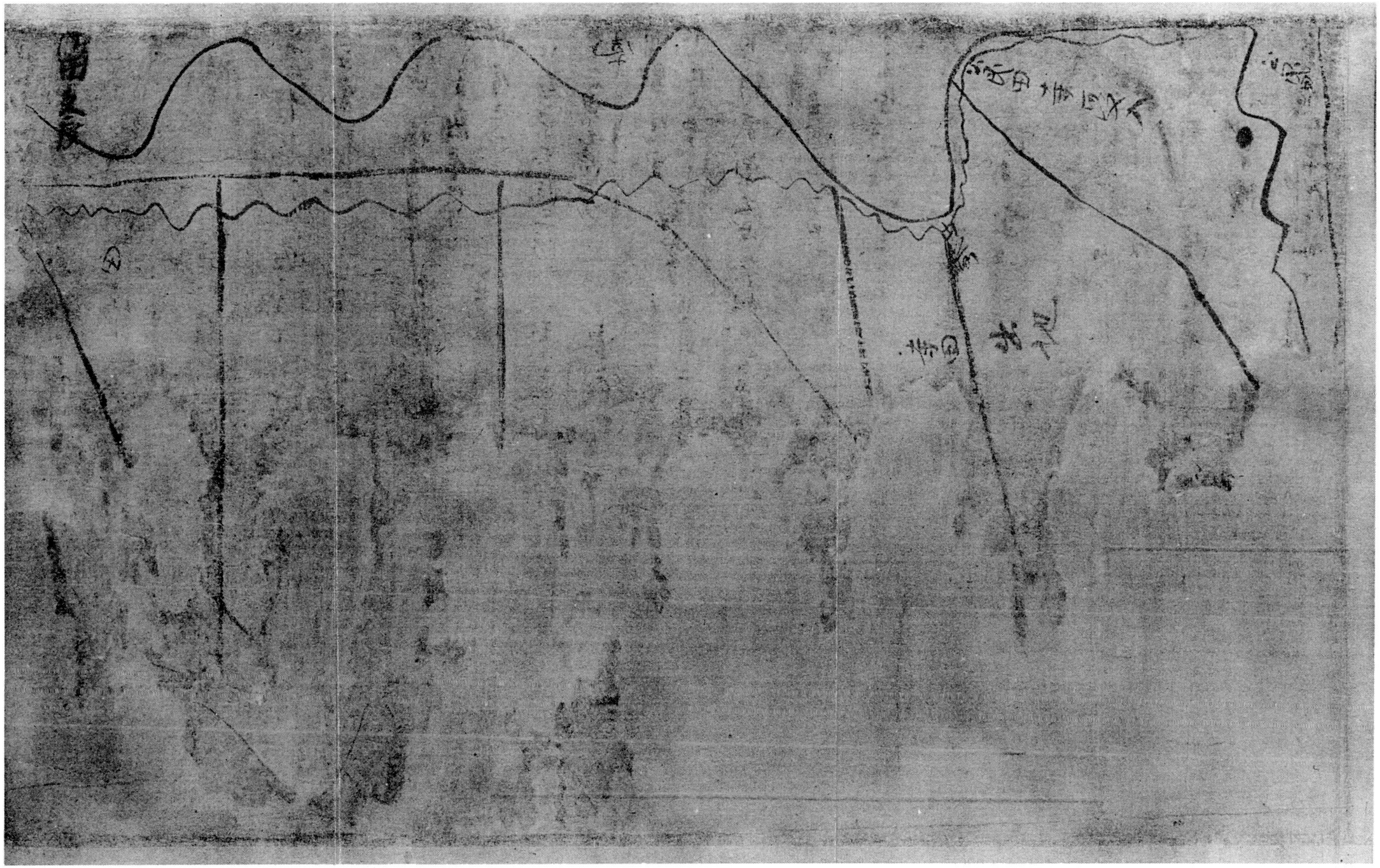

某寺領圖

寶龜二年二月十二日（第一號紙背）

紙背
某寺領圖
（或ハ観音寺領圖カ）

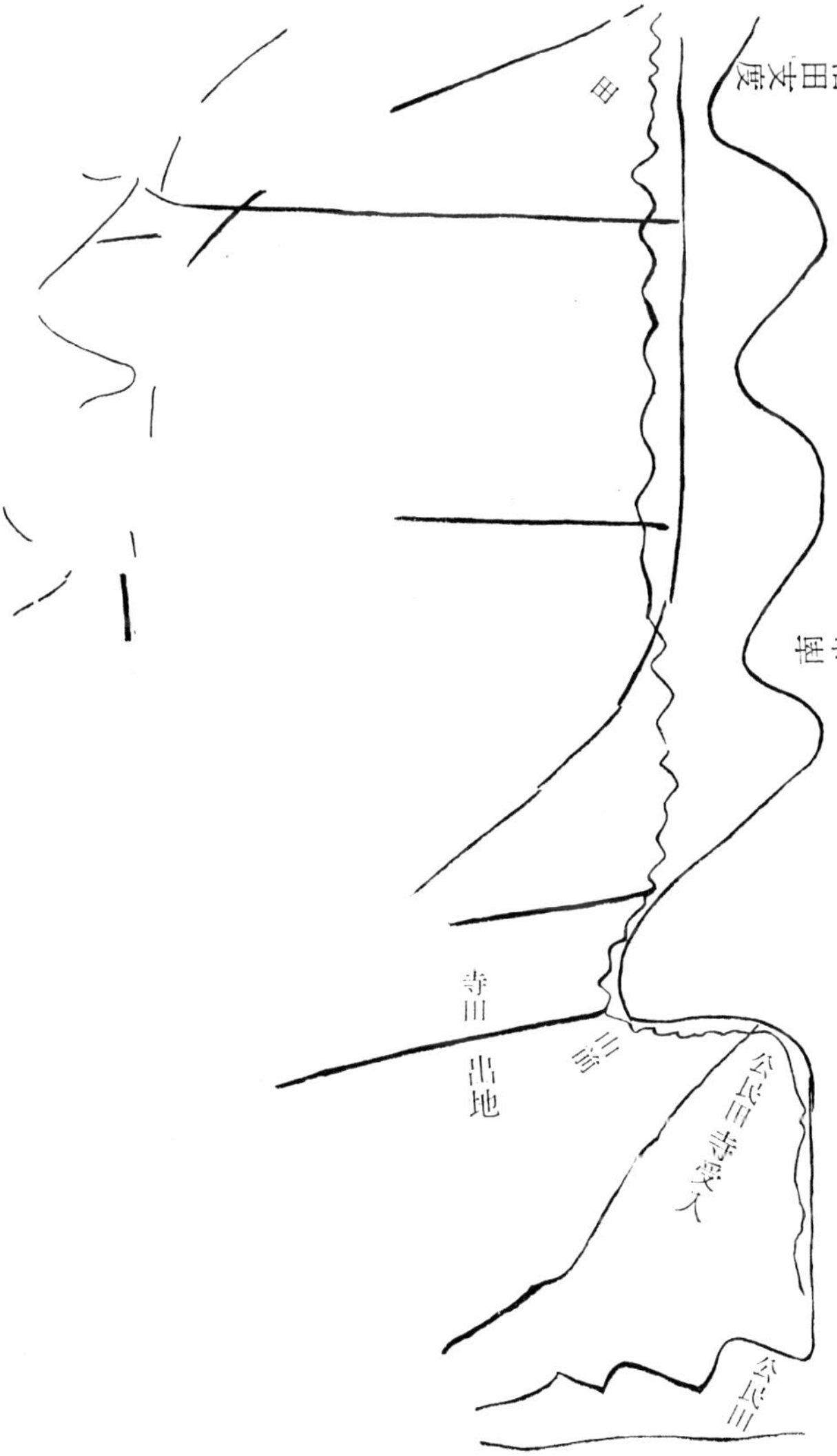

二　三野臣乙益畠地賣劵斷簡（前闕）

○字面ニ「津高郡印」（備前國）六顆アリ、

外員少領正八位上瓊王臣

主帳外大初位上勝

「三野臣乙益沽進畠本劵」

（繼目裏書）
「招　提　寺　判」

三　備前國津高郡津高鄉人夫解

○字面ニ「津高郡印」二十九顆アリ、

（繼目裏書）
「招　提〔寺ヵ〕　」

津高郡津高鄉人夫解　申進絁根賣買陸田劵文事

合散波畠參段參拾貳步　充直稻肆拾肆束

人

夫

火頭養絁直

桜作部千紲畠三百廿歩　充直稲拾參束
漢部長畠一段七十二歩　充直拾陸束
〔眞〕
瑻王部臣公稲畠一段　充直稲拾伍束
以前、依庸米并火頭養絁直不成、件陸田常地賣与招提寺既畢、仍造劵文二通、一
通進郡、一通授買得寺、
寶龜七年十二月十一日税長書直「麻呂」
村長寺廣床
〔部カ〕
瑻王□□□□
〔稭カ〕

以同日郡司判許
大領外正六位上薗臣
少領外從七位上三野臣「浪魚」
（繼目裏書）
「招　提　寺　判」

四 漢部阿古麻呂解（前闕）

〔以カ〕
□□
納已畢、仍注狀、勞案文進置、恐謹申、以解、
寶龜八年四月七日卽阿古磨
知三野臣「乙益」
（繼目裏書）
「招 提 寺 判」

五 備前國津高郡收稅解

收稅
津高郡收稅解　申可請散波陸田直稻事
合稻肆伯伍拾束
以去七〔×八〕年十二月十一日受百九十四束
以同年十二月廿□〔三〕〔日受廿三カ〕
□束漢部阿古麻呂

遺二百卅三束

以前、陸田直先所請、幷今可給遺員如件、仍注事狀、以解、

寶龜八年正月十八日收稅尾張　祖繼

（追筆）「以同日所遺稻貳伯參拾參束、依員受治旣畢、仍注事狀、謹啓、

收稅尾張　祖繼」

六　山城國相樂郡司解（後闕）

○首繼目紙背ニ朱書（文未詳）アリ、

相樂郡司解　　申賣買家地立劵文事

合地壹段　在祝薗鄕

右、得□下大狛鄕戶主□〔志〕賀都伎戶口□□刀□□〔解〕□

七　山城國相樂郡祝園鄕長解（後闕）

○首繼目紙背ニ朱書（文未詳）アリ、

祝薗郷長

合地貳段壹□〔伯〕□〔歩〕□□□〔在祝薗郷カ〕直錢伍貫　大税分三貫　役分二貫

右、戸主綾部毗登淨麿之家者此矣、大和國添上□〔郡カ〕□〔楢中郷〕中郷戸主從八位下粟田朝臣勝麿之□□□□〔賣〕□□□□録事狀、以解、

天長〔平カ〕寶字八年十□□□日□□□日佐廣□〔嶋〕

鄕長阿□〔刀カ〕連人万呂

沽人綾部淨麿

八　永原穀子等墾田幷家地賣劵案（後闕）

○第一一〇號永原穀子等賣劵寫斷簡ハコノ文書後闕部分ノ寫カ、首尾繼目ニ朱方印各一顆アリ、

（異筆）「案」

謹解　□〔申カ〕賣買墾田幷□〔家カ〕地立劵文事

合墾田陸段貳佰〔拾〕□歩

在城上郡貳拾條□□□里十八坪□段二百歩　十九坪二百六十歩

貳拾壹條三□田里〔廿カ〕□四坪二段百歩　廿五坪〔×二〕三段二百廿歩

直錢肆貫玖佰貳拾文

平城左京

家地肆烟　在平城左京六條三坊十五坪内

四至　東限大路　南限以先日文室仁光賜地

西限家地殘　北限以先日田中院進地

田中院

直錢陸貫文

右墾田等、故尚藏從二位〔緒カ〕□繼女王地也、而以去承和□□年十一月三日、賜家別

當永原利行已了、因茲副〔其カ〕□給書、加彼利行之女子穀子、並利行第(ママ)蔭子六位上永

招提寺塔院八講所

原朝臣岑胤之署名、賣与〔招〕□提寺塔院八講所既畢、仍注

九　唐招提寺符案（後闕）

（異筆）
「案」

寺家符播磨國伊保殿守根生津田備前國□万柏　　　

不可承引檢校珎曜符告書事

使

□〔右カ〕珎曜以先年超上臈之輩、望成檢校職幷年來之　　　□□□〔庄使近カ〕年勘納應輸

地子物、只如私物恣以犯用、加以□□□□〔爲門徒長カ〕者上綱幷上臈諸衆、更無禮節矣、仍所

得別　　□□〔沽却〕　　之後

司五師大　　　停止所帶職之由、言上公家也、而若乘隙、有放　　　

　　　歟、若然可捕進其使、又年々收納帳等付使者、　　　

宜承知之、依件行之、不　　　□〔故カ〕符　　　

　　　　　　都維那法師　　　

○コノ行間一行分空白アリ

　　　□□　　　

紙背　氏名未詳田地賣券斷簡（前後闕）

郡司見營使

○貴ハ次行ノ追記ナリ今シバラクココニ掲出ス

貞観錢

□一町七段五十歩

□部郷階野村畠廿一町□百歩

使

□件庄々田〔畠〕者、悉不輸租田寺領年代〔勘納其地利〕□司之任中郡司見營使、或

坪々注取□□圖田□徴官物、負煩臨時雜役、仍申下八箇度□免除公事早

了也、而□等〔時〕乘隙付□役仍庄子等〔皆悉〕逃散隨□□□□發之田有

十餘町、而庄□□己〔恣〕利益□□法幷非法立〔貴〕庄用弁進於寺家之地利□

一〇　廣津福主田直錢請文

謹解　申請田直錢事

合田肆段　在京南〔八ヵ〕□〔條四屋〕□□□垣里卅坪西一

直貞觀錢壹貫捌佰文

右件新開田直請如件、若後日誤者被當勘本錢、加利息、將進納、仍注事狀、以解、

貞觀十六年四月十九日廣津「福主」
相請池田「美善」
上件新開田直請見刀禰伊福部豊息

一一　伊福部某墾田直錢請文

中請墾田直□□〔錢事〕
□〔解カ〕

饒益錢

合饒□□〔益錢〕貳貫文
右件田直依員所□〔請カ〕以解、
貞觀□八月廿三日伊□〔福〕□

一二　氏名未詳田地寄進狀案斷簡（前後闕）

○第一四號氏名未詳田地寄進狀案ト同筆、ソレヨリ續クカ、

坂田郡自山以東大原二條十里廿□□□□□□□〔五社邊田一段卌カ〕□

廿六山本田三段百歩
廿七門田三段七十歩已上元大宅塩□〔海〕畔地
自山以西四□〔條〕
八里六神田八段百六十歩已上元志賀福生地
□〔一〕右田故威儀大法師自件百姓等手買得

一三　山背某池地直錢請文

申請池地□〔直カ〕事
布肆段直錢伍佰陸拾文古〔×且〕
狛廣氏
山背益□□壹段〔×反〕直佰肆拾文
狛氏守留直劵内直捌佰文且
右件地等、且所請如件、以解、

寛平（ママ）四月廿五日山背益□

狛廣氏

（異筆）
〔奉カ〕
□行

」　都維那

豊高　小寺主「　」

一四　氏名未詳田地寄進狀案（後闕）

○第一二號斷簡ト同筆、以下ソレニ續クカ、

「案」

「　」院衙

「　」墾田事在近江國

「　」玖拾歩

「　」條七里廿五社邊田一段卅歩

［　　］本田三段百歩
□〔門〕田三段七十歩已上元大宅塩海畔地
［　　］里卌六畠田四段二百八十歩
［　　］里六神田八段百六十歩已上元志賀福生地
［　　］等所負代以勅里招提名立國［　　］□〔券〕文納□〔寺ヵ〕藏底依格制旨、
其［　　］而既久矣、如聞、自［　　］田沽百姓等死去
［　　］其親族申云、爲有所望、件田□〔券〕［　　］家□〔矣ヵ〕、而□〔依ヵ〕［　　］

一五　河内國符案

［　　］郡司
安〔案〕
［　　］□招提寺庄田拾町伍段余租稲之狀、□□〔依〕彼寺家牒〔裏書アリ〕［　　］歸事功德特所免
除□件郡宜承知、［　　］免除之、不得徵煩、□□〔符ヵ〕奉行、

權大掾小野朝臣

□源朝臣和　　　大掾藤原朝臣

□□□〔介百ヵ〕濟王　　權大目道守

延喜元年十一月七日

〔裏書〕「十月十日進玖佰玖文米一石八斗三升□□□□」

一六　唐招提寺使牒

□□〔招〕提寺□

□早弁定少石地四町余事 在廿八条二里之内者

□〔牒ヵ〕□備後國衙各々弁定、彼此可納□〔地ヵ〕子之狀契文已了、而長官君入坐也、何此發可定狀、牒送如件者、須依牒狀參入廳可被定、而只今間長官君在大客、下総國新任大守下入坐、其經營在此、又以明日長谷寺參向、如是在障、若猶入坐給、

長官君

下總國新任大守

長谷寺

相侍共參入耳、今寄廻使、以牒、

延喜四年十〔×五〕月十五日

使供別當「歡舟」

學頭　「戒珍」

「件事、彼使御所牒送者、返牒如是、覽了全欲返請之、　豊高申

謹上　領主御院　」

「只今長谷參消息、不知大客事、亦不知大判官主者、收納事究了天、晦許可返坐

云々、其不知安楮（ママ）申、」

一七　請物使某請文（前闕）

□物捌種事

□之中 籠檳二枚 細串一枚　東莚一枚　圓坐一枚

□机二前　木盤五十枚　已上諷誦料

手荷一枝　瓱一口 已上平潛請　沓付一□〔具ヵ〕請

藁草坐一枚破請申渡

右雜物所請如件

延喜七年七月十三日　使中

一八　氏名未詳施入狀斷簡（前闕）

延□〔喜ヵ〕

判收

檢校豊高

上座増胤

寺主

□代

小寺主

小寺主安喜

七月廿二日

一九　僧宗照解

□〔宗カ〕照解　申注進前司御任四箇年間年供新物請用日記事

□〔合カ〕捌佰肆拾柒束　鎧貳懸

□〔一〕　連命請納物等

天喜元年

□〔手カ〕作布十段直十石　月日〔ママ〕　使常任請納

見稲百五十束斤定　即連命納

米一石四斗　即　納

上絺十帖直一石　常任請

□〔二カ〕年

細布十段直五石　使能円請

米五石九斗五升　即連命納

〔黒カ〕
□柒合子十口直五斗　常任請
菅合子卅枚直一石　常任請
補一領直五斗　能円請
钁六廷鍬一口直七斗鍬二斗　能円請

目代　一□大夫御目代光友請「預」
重稻百束
重近預百束重稻〔×直〕

一前司初任天喜元年七月重近付進上物等
橘鋂鎧貳懸　夫法師一人
橘鋂鎧

右使之請納物等日記所注進如件、但鎧貳懸者、御悦粁進上候也、以解、
天喜六年七月廿五日　僧宗照

二〇　氏名未詳申状（前闕）

堂　衆

○原本ノ缺字ハ一部史料編纂所影寫本ニヨリ補フ、

［　　］不被□□□□□□□□［　　］夕不可知東西御堂之由、御定［　　］
［　　］慶基也、加之訴申御社二季□〔彼〕［　　］奉於ロ轉讀二季彼岸七日夜
法花［　　］祈願析［　　］〔不可〕［　］及□〔堂〕衆［　　］堂衆解状尓
攀□之花［　　］之次、致　殿下御祈禱之由、須［　　］□
司、又雖無指封戸田薗、勵［　　］偏奉祈　長者殿下御願円□〔滿カ〕［　　］
［　　］社司結構敢無差別、就年□〔來〕［　　］裁斷也、具旨併見國司
〔免〕□［　　］仍早爲斷堂衆後濫勒□〔在〕［　　］
天承二年四月［　　］

（奥端裏書）（異筆）
「文政十三迄　七
六百九十四年」

二二　唐招提寺領因幡國莊畠注進狀

招
提
寺

招提寺因幡國御庄畠現作事
合貳拾町
所當地子參拾斛　現納貳拾參斛五斗
未進陸斛伍斗
右所注進如件、
承保二年正月三日　　力丸

唐招提寺文書　地之巻

二三　唐招提寺用度帳

○原本ノ缺字ノ一部ハ史料編纂所影寫本ニヨリ補フ、紙背聖教殘卷、

隻一隻長八□〔寸〕頭六□二隻長各六□〔寸〕□

□□〔藏ヵ〕鈎一隻　長一尺五寸

□□〔同房〕釦二隻　長各六□〔寸〕　同

一□〔枚〕方三寸　□釘三隻

隻二寸

□〔釘ヵ〕四隻長各四□〔寸〕

戸

衆西殿鼠走料

二隻長各五寸　□

又食堂牖戸比留〔金八隻カ〕□□□

又東北第一房鈎一隻長□尺七寸　□〔同〕

同房外門槽鈚三隻一長各一尺□
二〔長カ〕□各六□

又東北第二房鈎一隻長一尺七□〔寸カ〕

又西北第一房外門槽〔鈚〕□□〔隻カ〕□

又油倉藏一具中之作料

□〔×二〕三迋重卅斤　充鋜三口〔×二〕　横鋜四□〔口カ〕

雜鐵六十五斤小皆用　充釘一百隻五十〔三カ〕卅□

木屋戸堅比留金三隻長各四寸

作料半損

□〔釘〕一百七十八隻

用一百九隻　五十五隻□〔長各カ〕
五十四隻長〔各カ〕

食堂牖戸比留金

東北第二房

西北第一房

油倉藏

○雜一字朱圏線ニテ圍ム

○抹消ノ五ハ朱墨圏線ニテ圍ミ右傍ニ△アリ

東北第一房

東北第一房經藏

○叡胤師三字黒圏ニテ圍ム

佐官師房

用余六十九隻長各四寸半
「五」
五十五隻長各五寸半
三隻充東北第一房外門□
九隻充同房片屋表押打□〔料カ〕
十二隻充同房經藏内□
一隻板屋門机打堅料

○

二隻充東北第□
二隻充作人膳屋□
二隻充辛鉏爲佐□
二隻充叡□〔胤カ〕師房戸□
三隻充油倉前轜板□
十二隻充佐官師御房經□〔藏カ〕内室□
三隻充同内室世美□〔打堅料カ〕

四隻充同〔×充〕房經藏□〔長カ〕押〔打カ〕□
五十四隻長各四寸半
七隻充（同）房經藏上下轜板打料
三隻（充）東北一室經藏戸牒打□〔料カ〕

碓屋
四隻充碓屋表打料

政所
五隻充政所□屋□
三隻充大衆南小板□〔屋カ〕□□
廿隻（充）板屋門菜備（前）机打□

氷屋
三隻充冰屋〔×水戸〕戸打堅料
四隻充草倉下戸打堅料
五隻充藁倉草敷打堅料
炭十石皆用

○皆、大字ノ皆ヲ擦消シ小字ニ改ム

二斗充仏御鉢油爲料　二石一斗充板屋□

唐和上非時藥作用料

一石一斗充唐和上非時藥作用料　二斗

一石七斗充政所用料　三斗

作用料

（中缺）

薦疊十〔×廿〕五牧〔枚〕　□〔連〕用料

白端半疊六牧□〔料〕

佐

鏡忍　師

料

（右ハ他個所ノ斷片ヲ誤リテ貼リシモノナラム）

○十八十ヲ廿ト改メ更ニ朱ニテ十ト改ム

太皆用

一□〔斤〕太□〔充カ〕馬足繩作料

一斤□□〔太充カ〕井淨時竹續用料

蒭一千七百五十四圍

用七百五十園〔×束カ〕

用余一千四圍

一百五十九束充寺牛三頭單五十四頭飼料　卌束太豆

卌□〔八〕頭々別三束　　一頭五束　　京上時也
五頭々別二束

　　三束充寺馬二疋單八□〔十ヵ〕　　□□□〔八束ヵ〕太豆之
□十九疋々別三束
三疋々別二束

一百四束充小寺主馬一疋單卌七疋飼料
卌一疋々別三束　　一疋一束
五疋別二束

卌六束充京小寺主馬單十七疋飼料　□〔廿ヵ〕
十二疋々別三束
五疋別二束　　　俊曹師
當坐可信三綱並
時々■來並

一百九十八束充客僧馬飼料　　百卌七束□□〔太豆〕
惠輪師十八束　良肇師九束　神勝師九束　善勝師十七□〔束〕
惠行師十一束　憐聖師九束　大寺主六束今之　上坐
本都維那■忍師六束　今都維那師十八束今之　佐官師十六束寺之
實罔師九束　愧從師三束　國師神願師九束

〔小國ヵ〕□師永蓋師四束　本上坐四束　永尊師二束　願□

□〔永〕□照師十一束 讀師　延行師二束　□

二三　文書斷簡

□

豊　安

願主先弥高天皇内供奉〔兼ヵ〕□登壇律□

□〔月〕□八日

唐招提寺傳燈大法師位豊安

唐招提寺古文書集　玄之卷

二四　賣券斷簡（前闕）

○某郡印十五顆アリ、墨線ニテ字面ヲ抹消ス、

郡立券壹通主析
醫師國目代秦「　」　擬主帳薦口「豊安」
檢校紀「〔茂〕　」
郡※老秦「主繼」
擬少領三尾「房雄」
少領大和
※（異筆）「不□□□□」

二五　賣劵斷簡

○字面ニ印文不明朱方印五顆アリ、(1)(2)ノ間ニ缺アルカ、

(1)「　　□〔廿〕三　　」

(2)「　　段　　
擬□□〔少領カ〕　　
□□〔郡老〕秦　　」

◇◇◇

二六　賣劵斷簡

○(1)ト(2)(3)トハ同筆ナルヤ否ヤヤヤ疑アルモ現狀ニ從ヒココニ掲グ、

(1)「　　今後家　　」

(2)「　　買□〔於〕常□□〔地治カ〕田　　」

(3)「　　□　　」
「　　□　　」

二七　賣券斷簡

○字面ニ印文不明朱方印（郡印カ）アリ、(3)(5)ハ修理ノ際ノ貼誤ナルモ今ソノママニ掲グ、

(1)
「　　　條□□〔里カ〕三□二段　　同條三里三坪□〔七〕段

「　　　　」

(2)
「　　　今

(3)
「□□」

　　　□□賣与於常茂王□□〔如件〕

　　　〔十四年カ〕

(4)
「

(5)
「□爲□」

件墾田賣相知興福寺法師「□□」

保證□□〔刀禰〕

從八位上秦忌寸「　　　」

┘券壹通　主新

┘　校紀「戋〔茂〕抵」

〔主継カ〕「□□」

□〔少〕領　三尾　「房雄」

「□□」

布

同十四年四

擬〔主帳カ〕□□

二八　田圖斷簡

○現狀ノ配列ハ非ナルモ、今ソノママニ收ム、（推定復原圖ハ口繪圖版四幷ニ解題四三五頁ニ揭グ）

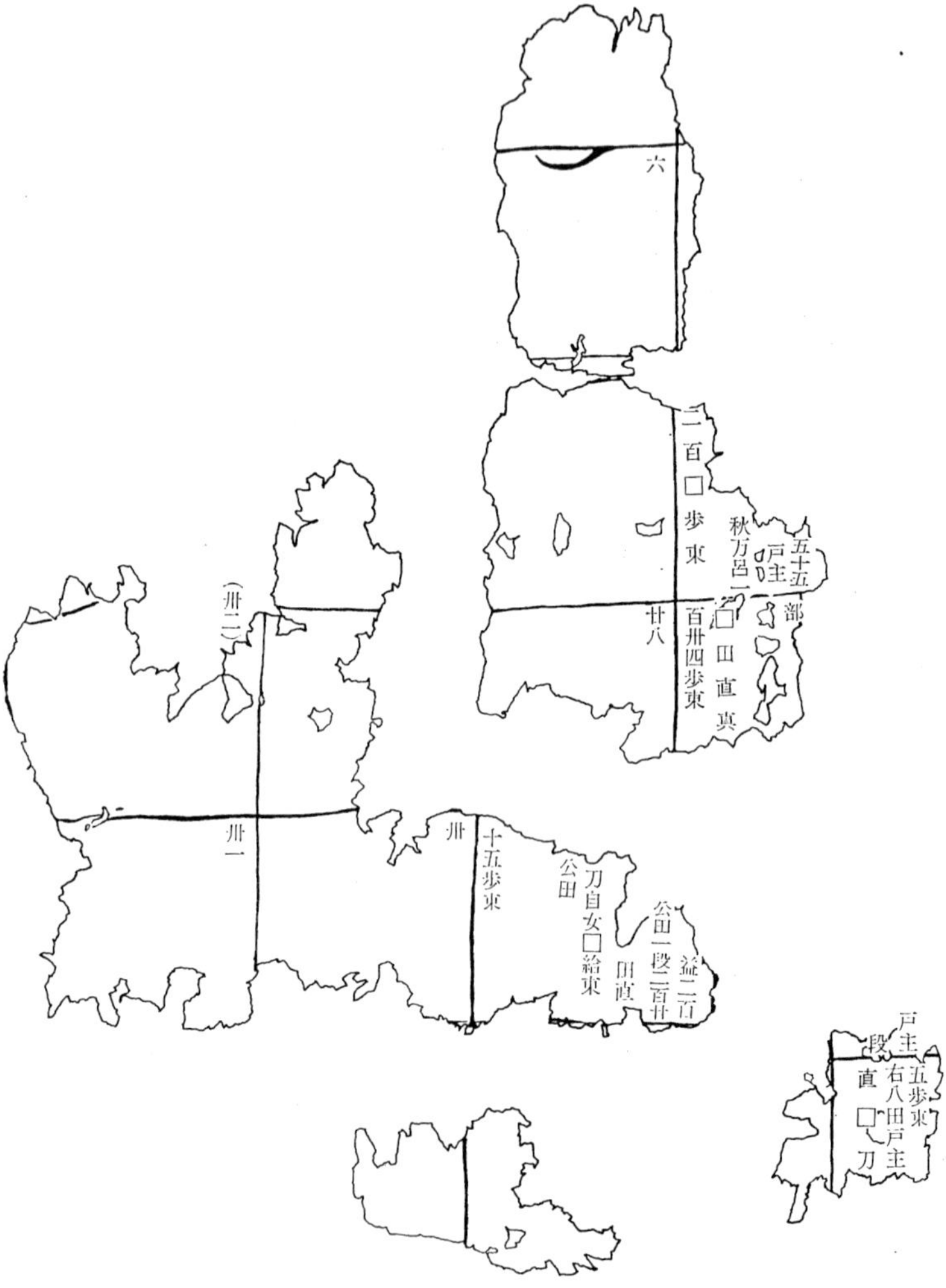
戸主
段
五歩東
右八田戸主
直□刀
六
五十五
戸主
部
秋万呂一
□田直真
二百□歩東
百卅四歩東
廿八
（卅二）
卅一
益二百
公田一段二百卅
田直
刀自女□給東
公田
十五歩東
卅

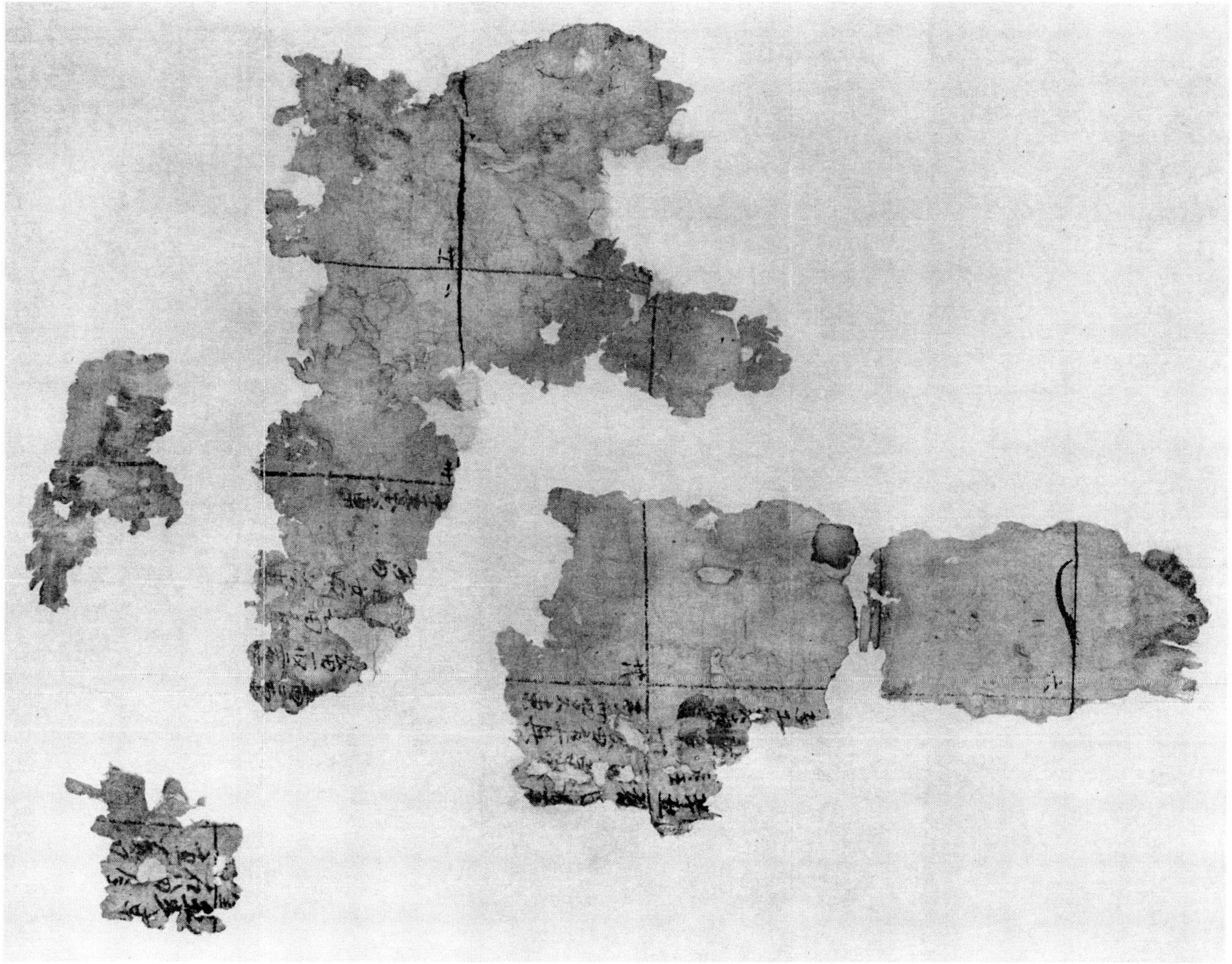

田圖斷簡（第二十八號）

二九　賣劵斷簡

○原本ノ配列コレト異ルモ、推定ニヨリ左ノ如ク改ム、

(1)
「右家得□」

(3)
「□〔直〕錢涑貫文常地永賣
□〔嶋カ〕下郡渠咋鄉戸主□

攝津國嶋下郡渠咋鄉

(2)
「与攝津國
□□□」
□□□□立」

三〇　文書殘闕九種（二十三點之内）

○殘十四點ハ省略ス、内十點ハ聖教殘闕ナリ、

(1)
「□田事　（○朱圓印ニ顆アリ）
□捌拾歩　在栗太郡少石村者□」

近江國栗太郡少石村

(2)
「□墾田劵□〔文〕事」

(3)
「□墾田立劵文事」

(4)
「進上□」

(5)
「□

(6)
「□□

□□□帙（一）　□四年九月廿□」（〇朱方印三顆アリ）

(7)「□書寫」

「合　　　　(8)「　　□　□□

見　　　　　□具

「六丈一段下」

六丈　　　　□□依不足以米立用之

四丈同　　　□十枚

二丈同

　　　　　　□聖具之

　　　　　　□聖具之

(9)「　　二年十一月□□□」（7ノ末行ノ下ニ續クカ）

三一　氏名未詳願文

○唐招提寺經藏本尊文殊菩薩像胎内納入文書（眼裏ヨリ發見）

おんほとけのおんむかへにまいらせ候、そんせさせたまひ候はぬやうに、御さた候て、くたしまいらせさせたまひ候へく候、さてハ御ほとけまきまいらせ候はんれうに、　ふくさのものふたつ、　くひまきふたつ、　こそてひとつ、　ほうく　まいらせ候、

又ゆめかましく候へとも、　もちゐ三十まいらせ候、
とを候ハはやしのこうちへまいらせさせたまひ候へく候、
又せに五百まいらせ候、　よろつ又〳〵申候へく候、

唐招提寺古文書集　黄之卷

三二　法華八講題名次第注文

□〔法〕花八講題名次第□

初日　　　無量義□

一卷　二卷　　□□〔普賢〕ゝゝ□

第二日

□〔三カ〕卷　四卷

第三日

五卷　六卷

第四日　　□□□〔普賢經〕

□〔七〕卷　八卷　　□□□□〔無量義經〕ゝゝゝゝ

右目録次第如斯

建長二年七月八日

三三　「第六抄」表紙

建永元□〔年カ〕八月

第六抄

三四　餅下行注文断簡（前闕）

〔廿カ〕□七枚　六十五枚

堂司　十三枚　薬師寺[redacted]枚

八枚　尊善房十三枚　勝定房

四枚　今□八枚　〔蓮〕□忍□□十枚

＼□春□□〔房五カ〕師九枚　□又三枚　□□十[redacted]〔六〕「三」人　百卅一枚

［　　］　＼□宗〔カ〕得業不参　□□□枚　了善房〻〻十一枚　＼禪覺房〻〻九枚

＼□善房九枚　丹波［　　］　＼［　　］九枚　＼小學頭四枚　＼顯順房八枚

＼□觀〔乘カ〕房九枚　＼堂司十一枚　＼教善房八枚　＼蓮道房八枚〻〻十三枚　＼定理房大十枚

□賢房九枚　賢聖□〔房〕八枚　＼□觀房八枚

已上百卅四〻五枚

□□人十六人　百廿九枚

九日衆議云、則座ニ□□〔出カ〕餅事見苦、　次日十日可被□旨評定切了、

正元二年庚□〔申カ〕二月九日　記之

三五　「當寺秋念佛條々用意」表紙

正應四年□〔九カ〕月［　　］

當寺秋念佛條々用意

招提寺□

三六　唐招提寺舍利供養札（四點）

(1)
□□〔利カ〕供養五百種〔之内〕□捧〔物一カ〕□
來五月六日也

(2)
□舍利供養五百種之内捧物一
來五月六日也

(3)
招提舍利供養五百種内捧物一
來五月六日也

(4)
□〔提〕□舍利供養五百種内□捧物一
來五月〔六日也カ〕

三七　結縁交名断簡（前後闕）

袈裟女　成□〔阿弥陀カ〕佛
助延　尼妙輪
過去良智　過去阿弥陀佛
藤原氏女　過去慶範
過去明円　□□〔過去カ〕江童
尼阿念　行妙　□〔源〕
平有満　定阿弥陀佛　毘沙殿
慶蓮　藤原氏女　中原氏女
法阿弥陀佛　眞阿弥陀佛　尼妙意
散阿〔聖〕弥陀佛　如意女　下野吉武
□□房　平氏女　大江氏女
尼如實　如散　僧智円

過去淨円　　尼尊妙　　尼淨阿弥陀佛
藤井友國　　僧聖阿　　法印顯圓
尼妙願房　　學盛　　清原氏女
尼念阿弥陀佛　　藤原氏女　　覺□〔阿弥〕□陀佛
尼西念　　尼妙阿弥陀佛
散位紀藤行　　〔賀〕□茂氏女
尼ゝ淨貞ノ
　　已上一日分百人
散位幸基　　聖□□

三八　歌謡斷簡

十一

昔ヨリシテイノチナカキモノハ東方「東方」サクカ

一万サ　ハウソシカ七百ヨサイタモチケムヒサシサヨ
フケユクマヽニハカラリウや〱　キムヲシラメニカラ
リウや〱　月ウソフクカラリウや〱　カヽルメ
テタキタノシミヲアマネクモロ人ニ
（以下紙背）
ホトコシテ七万法ニアキミテヽ百年ヲタモチ
テフラウフシヲエタマエ〱
イマヤサラハケリハナ□〔五カ〕十□ニ
□〔ヒカ〕キツレテ□カトエイリナム

三九　氏名未詳消息斷簡（前後闕）

おほつかなく候にて候也、さて〱大念仏をりも、御こゝろしつかに申うけ給
候ハんするこゝちして候へハ、あまりニ〱御物さはかしく候し□、返々ほ

大念佛

いなく候にて候也、

四〇　氏名未詳消息斷簡（前後闕）

□かういたゐらのきよまさはな
□そくさいえんめいホうたうふくし候て
□ちさいわゐふくしやまひかよらは候てきよまさち
□さう候てかはうとものうちかくちのくさきかせのけ
□のうさかほとけ御たしかにやめさせ　おハし
ませ

四一　氏名未詳消息斷簡（前後闕）

□な□く〳〵とんをほへす候、さてハ〳〵又めぬほくほと
こしかたうをほゐ候、さてハ又かゐ〳〵しく候ハねとん、御わたり候てあそハ

し給へく候〳〵、さてハ又なにとん候へ、見参にいりて候へハ、御わた

（奥端裏書）
「梅□」

四二　氏名未詳書状（後闕）

其後不蒙仰、又□候之間、恐欝千万□

抑第一巻礼燈秘□候者可申請候、此□少々候文等、去々年□乱出來之

□

紙背
聖教奥書

長寛〔三年〕□□二月

□□共諸衆　往生都率天　奉□慈氏尊

為偏往生内院見仏聞法□

大井令具□□

四三　僧寛圓書狀（前闕）

○紙背聖教斷簡、モト四四號ト同一本、

恩借候哉、いかに雖下品候、借給候者可恐悦候、闕如之餘自由無心申狀、返々恐痛入候、猶々無相違候ハ、併可爲御芳志候、他事期參會之次候、恐々謹言、

三月十八日　寛円

惠心院御房

（切封）

惠心坊御房　寛円

四四　僧某書狀

○紙背聖教斷簡、モト四三號ト同一本、

一當國人々、殊にハ越〔智ヵ〕□□きふく御さたの事候へく候へ、悦入候て奉候、仰のことくニかやうの事内々存智〔知〕仕候てハ、とくあるへく候へとも、さうな

御　内

く人の承事なけくところに、尚々こまく〵と承候御事、いまにハしめまいらせ候ハぬ御事にて候へと□〔も〕悦入まいらせ候、又内々かやうの事、御内さまより奉候とハ、ゆめ〳〵口外候ましく候、彼兩人のあいしらいなにとか申候へきと、きこしめし候やらん、平田なとの事もいかにと御さた候ハんするやらん、尚々いまのやうに候、ハうしやうゑ（放生會）の時分に上候ハんすれハ、其時よろつ申入候へく候、あなかしこ〳〵、

七月廿三日　　　㓛教（花押）[1]

（切封）

惠心坊とのへ　　　□□〔教〕状

四五　氏名未詳書狀（後闕）

爲悦入候也、
新春御吉事等自他重□〔疊カ〕候、

關　東

新春御よろこひとも方〱申籠候了、さてハ東亮殿御文まいらせ候、又松筏事ハよく〱申□候、これ分ハ筏をくたし候也、左近□□沙汰にて候、あはちの分もやかて〱松にて沙汰すへきよしを、代官かもとへ申て候、定其沙汰候歟、抑其年十二月菓子等返々悦入候〱と申と、左衛門尉か申候と申候、兼又自關東しちの左衛門尉か下人か上落〔洛〕候か申候、道忍御房はなにことも候へ、しを〔×乃〕うセて御わたり候か御時引■候ハて、京への御〔×上〕上落かなはす候、以外けうさめ候けに候よしをつたへ申候し也、いかゝし候へき

四六　慶圓書状（前闕）

□儀□　　間、依所勞事候、万事□□

□□處、□[　　]□之条悦入候也、□〔間カ〕河庄ロ之間事、以當院家御教書之[　　]□〔令カ〕下「庄
[　　]□条々更々非私之儀候處、
務」知候處、ロ依百姓等強々候、不能□〔申〕中沙汰候間、俗人申付候、且今ロ又百姓申狀□〔令カ〕違御教
書旨候上者、反旁難計□□□方御披露候者、定可有其御沙汰[　　]狀令返進候
也、委細期後信候、□〔恐〕〔候〕々謹言、

四月九日　　　　　慶円狀

古河庄

[　　]八月五日上□〔總カ〕殿入部古河庄、同六日田畠立點札了、[　　]禪房來云、古河庄田畠現作分
廿七丁云々、此外荒野[　　]也、若一丁内二三段ノ有隱田歟、不審存候、
[　　]二斗五升、六石二斗五升、
[　　]三段余在之、畠地　屋敷ロ畠地廿五丁余在之、
[　　]〔斗〕二
[　　]五升、　新田五升五合云々、
[　　]日七人云々、

（裏書）
[　　]キヒ一俵一郎　　下司代預之
[　　]キヒ二俵禪アミ入道アラウケ三百□〔文〕　一俵[　　]

□カリアツクルイネ　（異筆）『慶円律師ハ　建武元年招提寺
住持　大德ノ人□』

□三束キチシ□

（紙背）俊良書状包紙ウハ書

「やましろのいゝのおかのしやくせんの御ハうへ
まいるへく候」

飯岡〔御〕□房　俊良

四七　氏名未詳消息（前闕）

○紙背大黒講式（天正二年十一月廿四日書写奥書）

「ほかにおとろきおほせ候へく候、

さためて御ふあん
ないのゆへとおほせ候へく候、
きとおほせいた
され候て、ちやうし
させまいらせ候よし、
御状候てむろまちとのへ

（切封）
ひろハし
中納言とのへ

「天正二甲戌年十一月廿四日書之」

紙背
大黒講式奥
書
（本文省略）

四八　尊行書状（後闕）

八齋戒作法

○紙背「般舟讃」ソノ他ヲ抜書ス（折紙）

七月三日

御返事　　尊行

八齋戒之作法取テ令進候、ヒニタウ要之タンキ、當時ハいつはて候へしとん不存候、昨日二日下巻の本ヵ始テ候ナリ、然間此文の後何の文といふ事ヲ未被定候也、アラクレノ法敵ヤナ、

四九　注文斷簡（折紙）

メウヲンヰンニアツクルフン

チン四郎　才六　彦三郎　四郎

四人ニテ合二石

□ンサウニアツクルフン

才六　彦三郎　二人ニテ一石

又　シン五郎　太郎　二人ニテ一石四斗五升

合二石四斗五升

チホウキンニアツクルフン

馬一疋　人夫一人

　合一石五斗

（以下下段）

カラウス二　メウヲンキンニアリ

□トミヱアツクルフン　ハコ□□〔内カ〕

□□　一＼コロモ　コソテ＼ヲヒ＼　一

□ツシ　大方のふん

□ヲケ　ホン　カミハコ

五〇　丙申年湯屋坊納帳（折紙）

丙申年湯屋坊納帳

奉行重圓

十二合
七斗一升六合　玉圓

十二合
三斗七升 塔ノ垣内　光賢

西十合
三斗七升 角田　光賢

西十合
五斗六升　今在家 又七

十二合
四斗五合　八丸

十二合〔×七合〕
三斗貳升　平松 二郎

一升二合ミシン

十二合
二斗九升二合　上座

十二合
三斗七升 松本　光賢

十二合
一斗五升　春圓

白米　市升

四升　同

十二合　二斗六升一合　八丸

西十合　五斗　西方院

長合　二斗七升　□ノホ子　光賢

三升二合　同

十市二合　三斗八［　　　］〔升九合カ〕　今新二郎

十二合　一斗五升　上座

同　一斗畠ノ　同

西　二升借上　同

十二合　一斗九升　二升未進　齋又二郎

西十合　五斗　春円

十二合　八斗七升　西［　　］四郎

十二合
七斗八升　又五升上　西ヲウチ
助六
・四四斗五升　〔×五〕七升[redacted]也
反米ニ
外反センニ引

西
[redacted]五合石マチ
齋
神主

西
十二合シハカイ
一斗八升　同

西
八升五合　同

西
一石七斗七升三合　今在家
藤千代

西
四斗九升三合　九条ノ
源四郎

十二合
一斗一升　祐《サイ》心

西
四斗四升　弥二郎
此内反セン百文[redacted]
一斗四升引

(ママ)
十一合
一斗六升　一斗五升免　同

十二□
一□〔斗〕三升七合畠　光賢

十二合　二斗九升　マヱノ新二郎
十二合　四斗八合　今新二郎
十二合　三斗七升五合　春円
西　五升西畠　同
十二合　一斗三升　今〔孫〕□四郎
西十合　五斗　又二郎　コウフクキン
十二合　二斗五升　西□□〔大路カ〕□五郎
西　八斗二升五合　齋神主
十二合　二斗　九　二郎三郎
外負所一斗　藏松院上
西　五斗一升　六　小二郎
十二合　四斗九升　サイ　三郎二郎

藏　松　院

十二合
五升　長春
西
二斗　小二郎
十二合
□畠　入道
市升
二斗四升四合引　利借銭テン　反銭反米ニ□
天文五年八月日良厳

（以下下段）

ミシンフン　コウフクキン
十二合一斗一合　又二郎
五升二合　道場
西
四升　慶松　入道
十二合
八□〔升〕　同
西
四升二合　今松　入道
十二合
三升　与四郎

十二合
一斗一升六合　二度ニ　新二郎
十二合
二斗五升　彦四郎
十二合
七升　新二郎
西
四升　同
十二合
一升　同
十二合
四升　番匠　助太郎
五升五合〻〻　三条ノ
重圓院分
西
三斗三升　齋恩寺　衛門二郎
西
五斗四合　春円
西
二斗七升五合　興福院
西
五斗七升　サイ神主
二斗八升也外反センニ引

興福院

西
三斗　　　　　衛門二郎《サイヲンシ》

出擧請取分
市升
二斗二合　　　　知事
五斗四升五合　　同
六斗三升七合　　同
一石六斗六升　　智順房
三斗四升　　　　同
六升三合　　　　□
三斗五升　　　　禪觀
二斗七升　錢利上二百文テ　光賢

良圓房方
西
一石一斗二升　　六条入道丸

西十合
六斗八升　　東在家
　　　　　　兵衛太郎

奈良反センニ□九升引
□免

西
九斗七升八合　　サイ
　　　　　　　　弥五郎

三斗三升八合　　同

市升
五斗七升七合　　春円

一石　　今市御乳

五斗　　小林殿

市升
二石五斗　　良至房

丙申仕足

市升
二石四斗　　修理方返弁

二斗　　　豊春訪

五一　屋代伊兵衛納米注文

納米之事
一四百八石　　蒲田村
一百五拾三石　　春山村
一百四拾石　　年野村
一九拾五石　　乳牛村
合七百九拾六石
慶長貳年十月廿日　　屋代伊兵衛（花押）(2)
林藤兵衛尉殿
御中

唐招提寺古文書集　宇之巻

五二　文書奉納箱墨書銘

○左右ハ内側ヲ見テノ左右トス、改行原文ノママ、

（右外側）
「聲明講方五条ノ券　講衆
智音房　智順房　良嚴房　尊實房
長順房　良音房　良明房」

（左外側）
「舎利殿方、五条浄喜忌日田ノ券、符屋ノ券、松本ノ本地子ノ券、山本ノ券、以上、
修理方、フナツカノ券、負所ノ券二通在之、長老坊方、森ヵ下ノ券、𑖀𑖨𑖢𑖓𑖡田松本ノ作、」

（内底）
松本々券本地子舎利殿方懷玉供前、　山本々券舎利殿方、フヤノ券同方、
五条浄喜忌日田ノ券同舎利殿方、　松本作ハ長老坊方、フナツカノ券修理方、
負所ノ券二ツアリ、何モ修理方、　森下ノ券長老坊方、アラハシヤ𑖡田
聲明講之券五条十五ノツホ、

聲明講方
舎利殿方
修理方
長老房方

舍利殿沙汰人
修理方納所
舍利殿行法衆

（右内側）
「〔文〕
天□五年丙申七月朔日
舍利殿沙汰人懷玉禪賢房
修理方納所長順房賴秀（花押）(3-1)　長老坊同長順房」

（左内側）
「舍利殿行法衆
明源房　禪賢房　教律房代長順房
明堯房　智音房代良音房　良嚴房代智順房」

五三　唐招提寺修理方納帳（モト袋綴装）

唐招提寺修理方

（表紙）
「天文元年壬辰八月日
唐招提寺修理方納帳
年預衆實雅　良算　珠源
重円　賴秀」

二段半一円□〔二〕石四斗定　カキノ藤内
三屏風
一［段一円カ］一石一斗定　中在家玉円

ソト八堂
一段一円一石一斗定　　九条ノ太郎五郎
□四斗定　　中在家慶松
□□定　　九条又次郎
一段半一円一石八斗定　　中在家慶松
フウカウシ
一段乍六斗五升定　　タウトキン松石
ヤイタ田
一段一円一石一斗定　　六条頼眞
四ノツホ
一段一円一石二斗定　　六条才五郎
下平澤
一段一円一石八斗定　　中在家慶松
ヤイタ田
一段一円一石一斗定　　唐土院松石
池□
一段一円一石三斗代　　柳弥次郎
ミ□
一段一圓一石六斗定　　六条四郎次郎
□
一段一円一石定　　六条孫二郎
ナ□クヰ
一段半一円一石三斗定　　唐土院弥五郎

四ノツホ
一段一圓一石二斗定　　六条 濟五郎
生□
一段半一圓一石五斗定　　齋恩寺 与四郎
四ノツホ
一段一圓一石二斗代　　中在家 慶松
大ホ
一段一圓一石六斗代　　同所 若丸

五四　兵庫彌太郎負所賣券

沽却　負所二ッ賣渡券文之事

合二段分在之、　二斗升者四合口

一段一円四条丸ノカワ長順房ヨリ可出　　東□百姓長賢

一段一円符屋　羂索方ヨリ可出　　同

右件ノ負所者、兵庫弥太郎多年知行ト而、他煩無之、然而、今依有要用、直錢八百五十文ニ限永代、招提寺修理方江賣渡申處、實正明鏡也、萬一天下一同之地起徳政有之トモ、於此負所者、不可有相違者也、若違乱之出來之時者、以本直錢、

羂索方

招提寺修理方

徳政

速買歸可申者也、仍後日證文如件、

天文二年癸巳五月朔　日賣主兵庫弥太郎（軸押）

口入中□〔在〕家若丸（軸押）

五五　氏名未詳負所賣券

（端裏書）
「修理方負所□〔買〕□」

沽却

合一□〔段カ〕□

右件負所者、多年□〔知カ〕□他煩無之、然今□〔依〕有要□〔用カ〕□限永代、招提寺寄進方へ賣□〔渡〕□實正白鏡也、萬一違乱出來之時者、□買歸可申處也、猶煩妨申者アラ□〔ハ〕、□人之沙汰者也、仍後日支□之□〔狀カ〕□

天文二年癸巳六月三日賣主兵□

招提寺寄進方

□□〔入中在〕

五六　濟恩寺彌八水田作主職賣券

（端裏書）
「修理方フナツカノ買券」

沽却　水□□〔作〕□主職新立〔券文〕□□□

字フナツカ
合壹段半者□

在大和州大安寺領之内

右件ノ下地者、濟恩寺弥八多年知□無他煩之、然今依有要用、直錢四□〔貫〕文ニ、限永代招提寺修理方ェ、賣渡申□明白也、萬一天下一同之德政地起□〔有カ〕之共、於此下地、一言子細申間敷者也、猶□出來之時者、以本直錢、速買歸可申□〔者也カ〕、仍後日支□之狀如件、

天文貳□〔年〕癸巳十二月廿□□　□恩寺□

口入□

招提寺修理方
德　　政

五七　寶來城藤若水田地作主職賣券

（端裏書）
「結崎
慶秀大德忌日田之劵文」

沽却　水田〔地作〕□□主職新劵文事

合壹段者字フヤ

右大和州添下郡右京一坊十一坪内ロ之在

四至東南西北限際目

右件之水田、元者宝來城藤若先祖相傳之私領也、而今〔依有カ〕□□要用、直錢三貫貳百文仁、限永代招提寺舍利殿方江、賣渡申事明鏡也、縱天下一同之地起等之雖有沙汰、一言之儀不可有之者也、猶違乱出來之時者、以本直錢弁返可申者也、仍證文如件、

天文三甲午年九月廿六日　　中そ　尊成（花押）(4)

ひこ二郎（略押）

ヤ大郎（略押）

招提寺舍利殿方

城（花押）(5)

五八　浄喜忌日田寄進状

（端裏書）「浄喜忌日田寄進状」

招提寺舎利殿方

招提寺御舎利殿方ヘキシン申事、
五条内一段一圓、一石二斗定也、田米三升コレアリ、コノホカハ諸公事ナシ、我身一コノヽチ、永タキヲカキツテキシン申所實正明白ナリ、シせウモンノ状如件、

天文三年甲午十一月吉日浄喜（略押）

五九　興福寺僧懐弘忌日田寄進状

奉寄進　招提寺□忌□田之事

字山モトト云、負所壹斗在之、升ハ四合口定、九条郷

合壹段者一円八斗定　百姓五郎三郎

招提寺忌日田

在大和州添下郡西京藥師寺九条領之内
右此下地者、依尊弘得業意願、爲招提寺忌日田奉寄進者也、若於此下地、違〔亂〕□煩
之〔儀〕□有之者、爲此方可申愁者也、仍奉寄進所如件、
天文四年乙未三月十七日　　懷弘（花押）(6)
興福寺□□〔轉經〕□院

六〇　招提寺法華院盛弘水田地作一圓職賣券

藥師寺
招提寺法花院
舍利殿方
長老坊方

□水田地作一圓職新立劵文事
合壹段者〔字〕□□　四至 東□ 南□□ 西□ 北□□ケ
大〔和〕□國〔添〕□下郡西京藥師寺領之内在之
右件下地者、招提寺法花院學舜房、多年知行トシテ、他ノ煩□今依有要用、
直錢陸貫文ニ限〔永代カ〕□□〔招提〕□□寺〔本〕□地子舍利殿方ヱ、作長老坊方ヱ、　賣渡申處分明也、萬一天下一同之
德政地起等之儀雖有之、於此下地者、聊違乱申間敷者也、猶妨出來之儀有之者、

招提寺法華院

以本直銭速買歸可申者也、仍後日支證之文状如件、

天文五年丙申三月四日　招提寺法華院　賣主盛弘（花押）(7)

辰巳殿

藤（花押）(8)

口入　頼秀（花押）(3-2)

（押紙）
「觀音寺山ソヰ二段、一向依不知行ニ、此松本一段と地替ニスルナリ、此下地ハ法花院學舜房之私領也、」

六一　今在家六郎次郎地作一圓職賣券

聲明講方

（端裏書）
「聲明講方」

沽却　水田地作一圓職新立券文事

大和州添下郡西京領之内在之

招提寺聲明講

右件ノ下地〔者今在家六郎次カ〕□□□□□□［　　］トシテ、他ノ煩無［　　］有依要用、直銭弐貫
文ニ、限永代招提寺聲明講ノ中江、令沽却處實［　　］□□□〔天下一同〕□［　　］政地起等
雖有之、於□地者、違乱妨申間敷者也、仍後［　　］如件、
天文□年未□十二月三日賣主今在家六郎次郎（軸押）
子弥八（軸押）
口入人中在家新九郎（略押）

聲明講衆

（押紙）
「聲明講衆［　　］□房、尊實房
長順［　　］」

六二　賣券殘闕（省略）

○約十五行分墨付ヲ殘スモ判讀シウル部分極メテ少キニヨリ省略ス、

六三　威儀師慶源釜直請文

○モト八幡善法寺文書ナリ、

謹請　　釜直事

合陸佰疋　之中於貳百四十疋以先日請文進上了

麻布參拾陸端　代參百六十疋

右謹所請如件

天永二年三月廿四日

威儀師慶源

六四　淸譽祈禱卷數

□□□三□□〔講カ〕□
〔百〕＼□□＼百〻＼百〻＼百〻＼
百＼巻百＼〻百＼〻百＼〻百＼〻
右奉爲天下泰平、國土安全、風雨順時、五□〔穀カ〕成就、殊法躰堅固、病難□〔消〕除、善願成
弁、富貴自在、除ロ災与樂、抽精誠所如件、
弘治二二年正月吉日清譽敬白

六五　唐招提寺盂蘭盆會疏

○字面ヲ三本ノ墨書斜線ニヨリ抹消ス、

（端裏書）
「元龜二」

日本國唐招提寺住持嗣法小比丘某甲並黒白諸□、伏値七月半盂蘭盆日、聊設
供三寶式、報父母恩者、
悌道德由之爲本、儒釋所以皆崇、故東魯　宣尼爲曾子廣申雅訓、西乾調御因釆

唐招提寺

蘊示《クワシク》神方、雖被教於一時、實化流於百世、今則已夏制式稟彛章、輒罄孝誠、聊営盆供、備嚴四事品列八珍用茲貢獻於三尊、所冀追嚴於七世、其亡過者、或報沈悪道、蒙法利而頓釋倒懸、其現存者、既處生於人倫藉、熏修而終登安養、仰瞻聖相、俯念幽靈、在禱頌、以弥勤諒感通而靡忒

元龜二季七月十五日

唐招提寺住持嗣法某甲幷黒白諸衆等謹疏

實盛

六六 薬師寺金蔵院懐弘律師忌日田寄進状

奉寄進　招提寺忌日事

合

字大穂、加十合定、負所無之、　五条テンシ

壹段一円壹石壹斗定　彦四郎

薬師寺反銭反米之外ハ諸公事無之

右志趣者、爲奉祈實弘大徳滅罪生善離苦得樂御菩提也、毎年九月廿三日仁、忌日可有執行者也、幷一門亡魂三界群類六親眷屬有緣無緣乃至法界平等利益而已、仍

招提寺忌日

薬　師　寺

寄進狀如件、

薬師寺金藏院

薬師寺
余〔金ヵ〕藏院

元龜三年壬申三月十四日施主懷弘律師（花押）(9)

六七　繼諶法眼・長惠連署忌日田寄進狀

招提寺忌日

（端裏書）
「セウタイ寺」

奉寄進招提寺記〔忌ヵ〕日之事

風呂

幷風呂事

加十合定、字池ノクヒ、地子之外脇訪〔坊ヵ〕江負所アリ、百姓沙汰早、十合一斗五升、

此新田者一反壹石代　當百姓左衛門次郎

右意趣者、現世安穩後生善所、心中諸願皆令滿足祈者也、我等一期ロ後寄進申者也、反錢公事物者、地子之內ヨリ可有沙汰者也、仍寄進之狀如件、

大德院

元龜三年壬申十二月廿三日　大德院　繼諶法眼

新　長惠（花押）(10)

六八　井上宗榮水田寄進狀

招提寺
奉寄進水田之事
合壹段一圓　ムメカモトヽ云
合壹段一圓　ムメカモトヽ云（此二段瀬町壹つ）
合壹段一圓　カケツチト云　瀬町二つ
右田地三段分、相除段錢段米、一圓令寄進候、雖然、寺門段米段錢可有之候、仍所致寄附狀如件、
元龜〤年癸酉三月廿六日　井上宗榮（花押）[11]

六九　唐招提寺年預衆連署目安案

覺　　招提寺
妙香院
西方院
□今度當寺之齋戒、妙香院・西方院、惣寺と知行出入付、及申事候處、兩長老樣へ

左右方得御意候へ者、高卅八石分齋戒衆ヘ可相渡候由、被仰候得共、いまた何かと申候者、四拾石成共相渡候様ニと、重而御異見候間、任其意候、然處ニ齋戒衆六人御座候内、三人ハ取候而、相殘三人ヘ者、配分渡間敷候由申候、兩長老被仰渡候者、齋戒衆六人不殘配分仕候様にと承候處、彼舜行・良仙三人計、可請取旨申候間、兩長老歸京候而、相究可相渡候由申候處ニ、取納半ニ百姓をたふらかし、私ニ免を可遣候由申候而、寺領をすくに西方院ヘ取納仕候、理不盡之沙汰、言語道斷次第候事、

□五条庄屋弥三と申者、寺ヘことわりも不申候て、西方院ヘ地子はかり申候由候間、初鹿加右衛門尉殿ヘ此旨申候て、催促入申候處、御藏納百姓共幷庄屋・舜行・良仙、捧を手ことに持、幷原田二右衛門尉殿之衆、刀をぬき下僧使をおい立申候、此方長□〔袖〕之儀候間、加衛門尉殿之□〔夫〕をもひきとり申、如此恣之仕合候事、

一然間余之百姓共も、地子于今上不申候、急度庄屋弥三幷舜行・良仙糺明被成

候而可被下候、後々末代可爲龜鏡候事、

如此寺納不成候間、御留守居又右衛門尉殿〈江〉申届、御一筆申請候而差申候得共、無承引于今地子不成候事、

右之通候間、被分聞召候而、急度被仰付候而可被下候者、忝可存候、誠可爲御興隆候、以上、

慶長拾年二月廿二日　　招提寺年預

行賢

春海

俊良

榮祐

空泉

飯嶋五郎右衛門尉殿

人々御中

（裏書）

紙背飯島五郎右衛門尉・藤又右衛門尉連署裏書

「右如此招提寺より、御目安上り申候、貴所下代との中分も御座候由候、其元ニ而

よく〳〵有様ニ御申付御濟尤候、若々其方にて不相濟候者、庄屋いつれをも此方へ御同道可有候、御談合可申候、惣別御寺領なとの儀ハ、末代事に□〔てヵ〕候間、有様ニ□□□〔被仰下ヵ〕尤候、爲其裏書をいたし、進之候、以上、

二月廿六日　　飯五郎［　　　］〔右衛門尉ヵ〕

原田二右衛門尉殿　　藤又右衛門尉

二月
十九日、年預ゟ下部十人、西方院西ヘ□十手ナワ持て押行候處、庄屋御にけ候間、引留申候、」

七〇　御藏米下行注文

慶長八卯二月廿二日御藏米請取申候納下一紙目録之事

高百五拾石此内四石欠米

殘定米　百四十六石

右之拂方

一參拾壹石二斗三升　諸法事入目　慶長八卯二月ヨリ九月迄小日記有之

一貳拾參石八斗　修理方ニ下行小日記有之

一拾壹石五斗慶長六丑ノ三月朔日、大坂ヘ下向仕ニヨリ、慶長八十月迄三ヶ年之間、京大坂伏見ヘ役人上下路料飯米宿賃等、

一拾九石三斗一升九合　同三ヶ年之間、諸御奉行ヘ御見舞等入目、

一貳拾壹石六斗一升九合　慶長八名帳請取申候付、南都御奉行衆ヘ之造左等、

一貳拾七石　僧衆本末廿七人飯米人別壹石宛

一六石　妙香西方齋戒衆六人飯米

一拾四石　寺役衆七人二石宛

一壹石五斗　妙香西方院修理料

惣都合百五拾五石五斗六升八合

差引不足分

九石九斗六升八合去年分ニテ遣ㄗ

七一　唐招提寺年預衆連署目安案（本文省略）

○六九號ト同文ニヨリ本文省略ス、裏書ハ「二月十九日云々」以下ナシ、他同文ナリ、

七二　唐招提寺年預惣代申狀案

招提寺

覺

一招提寺之内、妙香院・西方院と申候て、下僧齋戒之者相拘候院御座候、然者招提寺之知行之内、彼兩院へも少相付候へと、兩長老被成御異見候、然共招提ハ大伽藍之儀候間、齋戒之者迄わけ付候事迷惑之由申候得共、少勘忍分相付可然候之由被仰候間、迷惑なから四拾石可相付由申候、然者彼兩院ニ齋戒六人御座候間、六人之勘忍分ニ高拾五石取候而、殘を兩院之修理料ニ仕候へと、兩長老御異見被成候へハ、彼齋戒之内良仙・舜行と申候兩人之者計進退ニ仕候段沙汰之限候、誠兩和尚御異見をも同心不申、いまた帳をもわけ不申候處ニ、

招提寺知行之内庄屋百姓共、彼兩人縁者ニ付申合候而、恣ニ押取ニ仕候、本寺招提寺之納者むさくと仕り候、下として上をはからい申候事、前代未聞儀候間、彼兩人之者幷庄屋へも急度被仰付候而被下候者、可奉忝存候、已上、

慶長十二年二月一日　和州招提寺年預
惣代

杉田九郎兵衛殿

七三　唐招提寺年預俊良・榮祐連署申狀

覺　招提寺

一招提寺之内妙香院・西方院と申候て、下僧齋戒之者相拘候院御座候、然者招提寺之知行之内、彼兩院へも少相付候へと、兩長老被成御異見候、然共招提ハ大伽藍之儀候間、齋戒共迄わけ付候事迷惑之由申候得共、似相之勘忍分相付候而、可然之由被仰候間、迷惑なから四拾石可相付由申候、然者彼兩院ニ齋戒六人御座候間、六人の勘忍分ニ高拾五石取候而、殘りを兩院之修理料ニ仕り候

へと、兩長老御異見被成候へ者、彼齋戒之内、良仙・舜行と申候兩人之者計進退ニ仕申候段、沙汰之限候、誠兩和尚御異見をも同心不申、いまた帳をもわけ不申候處ニ、招提寺知行之内、庄屋と彼兩人之縁者ニより申合候而、恣ニ押取ニ仕り、本寺招提寺への納ハむさ〳〵と仕り候、下として上をはからい申事、前代未聞之儀ニ候間、彼兩人之者并庄屋へも、急度被仰付候而、被下候者可奉忝存候、　已上、

慶長十二年二月日　　招提寺年預
俊良（花押）(12-1)
榮祐（花押）(13-1)

鈴木織部殿
御奉行御中

七四　唐招提寺申狀案

覺

一招提寺之内、妙香院・西方院と申候而、下僧齋戒者相拘申所御座候、然者招提

寺之知行之内、彼兩所へも少付候へと、兩長老被成御異見候、然共招提寺者大伽藍之儀、律衆之本寺、法事修造彼是事多儀候間、迷惑之由申候得共、御異見之儀候間、四拾石可相付由申候、然者彼兩院に齋戒六人之堪忍分ニ高拾五石取候而、殘りを兩院へ修理料にも仕り候へと、兩和尚御異見被成候へ者、彼齋戒之内、良仙・舜行と申候兩三人之者計、進退ニ可仕様に申段沙汰之限候、誠兩和尚御異見をも同心不申、恣ニ申上候儀、言語道斷之儀候間、有様ニ聞召分候者可忝存候、以上、

慶長十二年拾月　日

七五　妙香院舜學申狀

覺　　招提寺之内　妙香院　舜學

一乍恐申上候、今度招提寺御寺領之内、齋戒中へ高十三石余御寺より被下候内を、我等堪忍料として高貳石五斗渡被下候を、卯の年より午迄ハ無異儀請取

申候、然ニ良仙未ノ年ハ貳石五斗之内壹石ならてハ渡不申候、其已後良仙押領仕、一粒も不相渡迷惑仕候、堪忍不罷成故、御寺へ御理申候へハ、良仙沙汰之限候由を被仰、丑之年分かつ〳〵押被下候、右之貳石五斗之通ハ不及申、年々高米一粒も不殘、良仙我等へ相渡候様ニ被仰付被下候者忝奉存候事、

一我等堪忍不罷成故御寺へ申、其上學校様へ迷惑之段申上候へ者、良仙ニ罷上様子可相尋之段被仰候へ共、良仙不罷上候ニ付而、圓光寺様より杉田九郎兵衛殿へ折紙を被遣、其元にて双方被相究候へとの儀ニ候、雖然良仙異儀申、于今押領仕、我等へ不相渡、右之様子自然於御不審者、杉九郎兵衛殿へ被成御尋可被下候事、

慶長廿年
三月日　　舜學（花押）(13)

金地院様（崇傳）
板倉伊賀守様
御奉行中

金
地
院

七六　唐招提寺年預衆連署申狀

覺　　　　招提寺

招提寺湯屋坊

一西方院と申所者、招提寺湯屋坊より別當持申候而、知事之儀從此方可然者ニもたせ申候、然者國替以來前之坊主源乘弟子乘秀ニ相渡申候、不届者ニ而、寺打捨方々令流浪、剩庫こほち郡山上つけと申所ニ立出申、西方院久あき申候而主無之候つる、今居申候舜行と申者ハ、妙香院ニ爲申候而、西方院交衆にても無之候つる事、

一此舜行者妙香院宗舜と申人之弟子にて候、則宗舜立申候小庵をもこほちとり、方々八所にうつり奉公仕候而、ちかき比知行寺々へも付申候由聞傳、西方院ヘ押入、いまた齋戒にも不成候て居申處に、招提寺へ種々懇望仕候得共、不届者候間、齋戒にも無用之由被申候得共、少も對寺緩怠慮外をも仕間敷由連而理り申候而、齋戒なりを仕候、いまた知事にても坊主にても無之、別當幷

寺にも同心不申候處、恣ニ申候事言語道斷次第候事、
一今度被下知行之儀者、往古之差出にもかまはす、寺之相應各被成御一見寄附ある儀候間、往古ハ坊々にも百石五十石卅石取申候衆あまた御座候而、其衆被申事にも、今有難　御代ニ寺領付被下候条、面々徳分如昔被下候へとの被申分候、右之坊々衆者、勸進奉加を仕、伽藍崩を修理申、幷勤行法事物之入申候役をつとめ、少も無退轉つゞけ申候、彼妙香・西方者、此方之下ニ而以齋戒令申候而丞仕にて候法事之役にも、又者何之奉公もなく、用に立不申候得共、一坊かゝへ申候間、僧衆なミに配當仕候、西方院兩人、飯米ニ四石修理料三石合七石渡申候、妙香院ヘ四人、飯米ニ八石修理料參石合拾壹石渡申候、此上者一切不成儀候、然故者少も加添候者、又各坊々衆も日比苦勞仕、難勘をもつゞけ、綱維嚴淨直日加樣之六ヶ敷寺役つとめ申候衆さへ、三石宛之配分候、用にも不立、造左をも不仕者ニ加添候者、坊々儀者一倍加添候之儀尤之由候、然者大伽藍修理幷庫院・西室既令顚倒候、又長老をも居申度事候間、右之坊

庫院　西室

々へ引はて候者、何を以大破修理、左様之儀も可沙汰中候哉、此等之趣被分聞召可然之様被仰付候者、可爲衆悦候、　已上、

卯月廿一日　年預衆　行賢(花押)(15)

春海(花押)(16)

俊良(花押)(12-2)

榮祐(花押)(13-2)

空泉(花押)(17)

七七　唐招提寺諸衆等諷誦文

(端裏書)「慶長」

敬白　請諷誦事

三寶衆僧御布施

竊以佛法不㆓獨《リ》弘㆒、傳通元由㆑人、靈-性不㆓孤《リ》現㆒、詮顯必假名㆒、夫聖教最可㆑求㆒、

鑑 眞

其僧寶寔《マコトニ》堪レ崇、昔自二 欽明之御宇佛法始東流一《ス》、 聖武之聖代新興以降《ヲコツテヨリコノカタ》、雖二諸
宗各弘通二戒行全鈌、依レ之兩僧遣二神州一奉請二大明寺 鑒眞大和尚一、故
大師闢《ヒラク》大慈門一、凌《ヲシノキ》二十二筒〔箇ヵ〕年辛苦一、百千万端終《ニ》本朝臻《ル》、 皇帝於二舍那殿
前一初受《テ》二菩薩大戒一、後成《ニ》教《ル》行三學一、圓備修證日域《ス》一、剩又蒙 勅詔《ヲ》一、築二三聚所摽
之四所戒壇一、以定二中邊兩國出家受戒《ヲ》一、莫レ不《シコト》三五乘並駕《セ》二七衆《ニ》一、俱霑《ウルアフ》、誠 過海大
師德《ノ》欲至レ今二而弥耀《カヽヤカス》二滅後門葉《ヲ》一、當此《ニレ》而益盛矣、諸苾蒭等服《ノ》二彼法乳《ヲ》二而長惠命一、
浴《ヨクソ》其慈水二而洗塵垢一、厚恩首重不異鼇背之三山、報酬思深二不同牛蹄之ㇿ水一、因茲
每年迎二今月今日之御正諱一、安置二將來眞骨壇上《ニ》一、講讀 和尚持經之兩典佛前一、
刷此一會一、伏冀 大師摩尼殿上弥增《シ》戒光《ヲ》一、娑婆界中再覆 慈雲《ヲ》一、又望 金輪久
轉、 玉躰恒穩、寺內塵収、僧海波靜、仍所修如右、敬白、

慶長十一年丙午五月六日 諸衆等敬白

（奥書）
「此文者當寺長老寶圍照珍和尚

御作也、俗五十一ニテ、

勗賢」

七八　小林村常念諷誦文

敬白請諷誦文事

三宝衆僧御布施一褁

夫惟恩河深而無底、徳山峻而衝天、林鳥猶知反哺、尤靈豈能遺忘哉、依之施主常念禪門者、簡ソテ二此靈場一莊リ二此宝前一、延屈ソ百僧ヲ一讀二誦ソシ大乘妙典一千部ヲ一、供二養ソ三宝ヲ一備テ逆修七分ゟ徳之勝業一、祈ニ現當二世之悉地ヲ一、〔二〕誠宝山開敷ノ華、同音念仏聲、靈山則有此界、若尒若有聞法之諸輩、飽共一味酉酉一、登ニ三点覺苑一給、弥廻其功施主　重門高楼閣之澄シ二秋月ヲ一、男女皆充滿之捧春花、仍諷誦所請右如シ、敬白、

明曆三年二月廿六日

信心施主小林村常念敬白

七九　祐信諷誦文

三宝衆僧御布施

敬白請諷誦文事

夫惟勵逢諸佛難、供養難《シ》、人身請難《シ》、適雖レ請辨《コト》因果《ヲ》難《トスト》、皆是釋尊之敎賜處之四種勝行也、加之靈山會上之妙法花經者、三世諸佛之本懷、衆生成佛之直道也、蓋敢《テ》虚妄《ト》云者哉、須有漏分段々習《ヒルハ》不《モ》レ漏生者必滅之理也、是故悲母妙西信女成《テ》二北亡露《ト》一廿余廻、忽然《トソ》臨來《レリ》、依《テ》レ之簡《ヒ》二此靈場《ヲ》一、莊《テ》二此宝前《ヲ》一、讀誦《ス》二一乘妙法《ヲ》一、誠《ニ》同音音樂之響《ヒヽキ》、淨土則不《ス》レ遠《ニ》、兼又幽儀成《セン》二三菩提《ヲ》一、若尒《ラハ》若有聞法之輩、共《ニ》輪廻之離《レ》二旧里《ヲ》一、直《ニ》眞如《ノ》詫《セン》二古郷、乃至法界平等利益、諷誦請處如右、

延宝二年二月廿七日

施主
祐信敬白

八〇　僧俊乘書狀

○紙背聖教斷簡、八〇・八一・八二號ハ同一本ノ紙背文書ナリ、

御札之旨、委細承候了、抑松はた五ちやう令進候、これにもなを［　　］□〔ん〕する
［　　］せ［　　］候し、わけさせ給候て、かへしたまはるへく候、御ふ
ミにつくしかたく候へハ、とゝめかね候［　］

十月廿八日　　俊乗

八一　氏名未詳書狀

○紙背聖教斷簡

（捻封ウハ書）
「（捻封）
謹上　理宗御房　　觀ヌ」

眞實大切之事に□まかりめやう渡御候へ、

今日も一日乃やうに渡御候へ、方々申たき事おほう候、必々［　　］
〔小句カ〕
□□一□所持候へく候、

やかて〳〵〳〵〳〵〳〵〳〵〳〵〳〵〳〵〳〵
きと〳〵〳〵〳〵〳〵〳〵〳〵〳〵〳〵〳〵〳〵〳〵
とう〳〵〳〵〳〵〳〵〳〵〳〵〳〵〳〵〳〵〳〵
あなかしく〳〵

八二　氏名未詳書状案

○紙背聖教断簡

ところも
□ふう
にて候也　□　□
一日の御ふミの時申候しかは、たうしハ人乃とりて候、とりよせてまいらせ候
はんとそ候し、たゝいまはな□の□ものへ□候へく候、これより□と□□
□、なに事も〳〵、まいらせ候へく候、申候へく候、申候し
ものともかまへて〳〵、

八三　宥明書状

（捻封ウハ書）
「（捻封）　湯屋御坊御返報　□」

尚々昨日御返報可申候を、日暮候間不申候、乍恐追可返報申候、

昨日者被下御状候、畏存候、其砌御報可申候、日暮候間無其儀候、寔ニ昨日者御身躰も不存候而、度々申候、諸事我等無前後も、分別なしの事候間、御めん頼存候、然共寔尓しやうかいの御用ニなり共、罷立可申覚悟候処、是一□之儀さへ不預御同心候、下分御□度候へ共、此上之義者無是非候、宥明恐々謹言、

十月九日　（花押）[18]

照珍長老文書

八四　僧照海私領田畠等讓狀

（端裏書）
「照瑜律師ニ申置分　　照海」

讓置　田畠下地等事

右照海私領田畠并壽德院領下地田畠并屋地子等、愚僧臨終之後者、悉以照瑜律師ニ申置者也但此内小事者、玄照等ニ与置也、然間没後之營年忌月忌等、坊舍修理以下、可被至〔致カ〕其調、雖爲私領分、壽德院之院領と同前ニ相心得、恣ニ私として他方ニ不可被遣矣、此等之趣爲後證如此注置者也、縱雖有先〔判〕□、任後判之掟、以此證文可被存知之狀如件、

弘治三年丁巳七月吉日　照海（花押）(19)

壽德院

八五　津田紹憲契状

（異筆）「長老寶囿照珍也年十二時也」

春松丸儀、梅本坊取申間參懃候、重不相御氣候者、雖爲何時可返給候、其時一言之儀申間敷候、隨而衣食等之事、似合之儀可仕、其段不可有相違候、恐々謹言、

「永祿九丙寅」
七月六日　津田備後入道 紹憲（花押）(20)

壽德院
御同宿中

八六　八幡法薗寺秀賢等連署定文

□□□□〔給カ〕事

一り召返知事德分之事、

右之分、急度せんさくあるへ〔き脱カ〕之事、

一御喝食御飯米幷小姓小者之飯米給分ニ拾壹石ニ相定申候、但御喝食衣装、寺よ

壽徳院
法薗寺
金剛寺
大乗院

遍照心院
金剛寺

り可在之事、
一長老徳分六石ニ相定之事
一壽徳院知事之義、重而之事、
慶十一
六月廿七□
法薗寺　秀賢（花押）(21)
金剛寺　慶然（花押）(22)
大乗院　實尊（花押）(23)
了清（花押）(24)

八七　僧照瑜置文

（繼目裏花押半分）（照瑜）

一春松衣食之事、親父備後守申合儀在之間、遍照心院之内恩徳院於奉賴、物於
讀出家形ニ成候様、各馳走肝要候、
一重證等金剛寺江預置之也、春松於得度者、就其可被相渡候、

一本尊聖教當寺ニ置申候、被散合無散失様、可被執まかなハる候、
一此内重證雜具以下讓物、被遣方在之、別紙書之、先以置文如件、
永祿九年九月二日　照瑜（花押）[25]

八八　付法大事口傳

（端裏書）
「付法大事」

附法之時口傳唯授一人

外縛メ二中指ヲ、以光宣外縛之二中指ヲ、大阿闍梨二中指ヲ挿也、明日

ト授与也、

又同如斯良泉ノ二中指ヲ光宣挿、　　ト云也、

次良泉ト光宣ト兩眼ヲ見合テ大不二ト分別メ、兩部大日ト可觀、可秘々々、穴賢々々、

付法極大事也、

元龜三年壬申九月廿㐅日

良泉示之、

八九　泉涌寺傳法灌頂職衆請定

「光臺之筆跡也」
請定

傳法灌頂職衆事

泉涌寺長老

「泉涌御長老」明詔上人「奉」「呪願」
「和州」齋宮院唄「奉」
「京」遍昭心院「奉」
「泉」福聚院「奉」
「京」妙覺院「奉」
「招提寺」法花院「奉」

「招提」凝實房誦經導師「奉」
「奈良」知足院「奉」
「泉」樂音院「奉」
「京」普門院教授
「遍院」周光房「奉」
「泉」順良房散花「奉」

以上持金剛衆

「京」長福寺「奉」　　「天□寺」良讃房「奉」

「京」壽命院「奉」　　「遍昭心院」乘温房讃「奉」

右、來九日於泉涌寺方丈、可被行傳法灌頂職衆請定、如件、

天正廿年十二月日

泉涌寺
地藏院

（附箋）
「天正廿壬辰十二月九日、畢宿、日曜、於泉涌寺修之、前後天氣、仕合無比類、光臺院證明也、前日〔來〕（□迎）泉院長老地藏院方、後日九日寶音院「報恩院」流也、故秘蜜御道具俄八幡善法へ取遣て懃（勒）候、職衆奈良衆幷泉本末衆也、拙者年卅八也、」

西堂職
泉涌寺

九〇　律師照珍西堂職補任狀

照珍律師西堂職之事、任先例、宜令存知給、仍衆儀一同執達如件、

文祿二癸巳年二月廿三日秀長（花押）(26)
泉涌寺奉行
維那
我喬（花押）(27)

藏主
元昶（花押）(28)

傳 香 寺

傳香寺

九一　僧照珍諷誦文案

敬白　請諷誦事

三宝〻――

右奉供養兩部曼荼羅、夫金剛四法身、胎藏三秘密印、誠衆寶心殿高廣无邊、光明日宮无所不遍、眞言大我本住心蓮、塵沙心數自居覺月、今聊設香花刷法席、資先師御菩提、伏冀和尙惠日赫々高曜三身、万德之空慈雲重々廣覆六道四生之巷、仍所修如件、

慶長九年三月十八日　照珍敬白

九二　僧照盛請文

□□□〔徳〕院□〔々カ〕家院領并御朱□□□〔被カ〕下候、忝存候、然者坊舎興隆之□□以不
可存油断候、万一拙者不儀□□□〔在之者カ〕、如御書付、拙者弟子も□□候者、御
長老様へ返可申、御一期之□□□〔御カ〕長老様御弟子中可相渡候、□□事、私他方
へ不可遣候、仍状如□、
□〔慶〕長九稔甲辰九月吉日　照盛（花押）(29)
□〔照〕珍和尚様

九三　傳香寺傳法灌頂職衆請定

（端裏書）「照珍大和尚　庭儀之時請定」

請定
傳法灌頂職衆事
實盛大法師 誦經「奉」　行賢大法師 咒願「奉」
實尊大法師「奉」　春海大法師 唄師「奉」

俊良大法師「奉」　律祐大法師「奉」
榮祐大法師嘆德「奉」　實成大法師「奉」
慶純大法師教授「奉」　有慶大法師散花「奉」

已上持金剛衆

實存大法師「奉」　秀盛大法師「奉」
長照大法師讃對「奉」　榮尊大法師讃頭「奉」

右、來十日於傳香寺道場、可被傳法灌頂職衆請定如件、

慶長拾年三月　日　行事

傳香寺

九四　僧照珍置文

○繼目裏每ニ照珍花押アリ、（花押30-1）

（端裏書）
「甲　元和六年十二月吉日

此書物空賢所可置也（花押）（照珍）　是モ弟子中申置」

傳香寺
筒井順慶
法金剛院
金剛寺
八幡壽德院
八幡山梅本坊
善法律寺

申置条々

照珍同法弟子中幷内之者ニ申置条々、

一南都傳香寺ハ、筒井順慶法印爲御位牌所と、御母儀芳秀尊榮尼公御建立之寺也、然者順慶法印幷芳秀尼公香花御茶陽〔湯カ〕、無油斷事肝要也、又聖教藏ニ過分之顯蜜之聖教置之、愚老方々苦勞をいたし是をかき求之、悉ニ一巻も他方へか「法金」し藏を出事かたく可爲曲事候、但壽德院・法金剛院・金剛寺拙老弟子中、學問を仕入候者、日記懇ニ仕、一帖も散失なき様ニかし拜見可被仕候、夏ハ必々一度虫はらい仕事專用也、法金剛院ニ過分ニ聖教とりよせ置候、皆傳香寺へもと「法金剛院置へし」し可申候事、「法金剛院之聖教者一巻無之」

一八幡壽德院之事、愚僧師聖照瑜大德、永祿九年ヲノ九月十一日ニ御遷化也、元和六年庚申迄五十五年に成申、拙老ハ河内之國津田備後守息男也、八幡山梅本坊春譽地走〔馳カ〕ニより、永祿九年ヲ六月ニ善法律寺へ入寺して、我等年十九まて加行、灌頂善法律寺ニて執行して、照瑜大德之一言ニ是非とも學問を仕、善法

法隆寺

招提寺九月念佛會

新上東門院

律寺之住持を仕事肝要也、若於無沙汰ニ者、背本意之由、我等小喝食之時ニ被
中置候、依之南都又泉涌寺・高野山・法際〔隆カ〕寺方々學問をいたし候、皆以壽徳院之
之寺領ヲ造作也、照瑜大徳之御恩不淺候、我等年卅八にして、泉涌寺ニて戒壇「開壇」
仕、又卅九之年泉涌寺ニて長老になり、又四十八之年傳香寺ニて庭儀之灌頂
をいたし、五十之年招提寺へ入院いたし候、九月念仏會講經十八九年仕候、　又五十七之年
法金剛院へうつり、又泉涌寺住持之故、六十三之年不慮ニ　院之御所御蒴〔崩〕御
ニ付、御引導同車いたし、又元和五年　新上東門院樣御他界ニ付、我等泉涌
寺にて御引導いたし候、彼是以人皆出家冥伽者なりと申也、本望不過之候、
然に弟子中徒に忩ニ候へハ、我等迄背本意候、若十五日共俗家に逗留仕、人口
に乘候者、弟子中令談合、急度寺領を可被取上候、又十（擦消）四年に一度ツヽ、貳石（追筆）「壹石
五斗ツヽ」（追筆）「（花押）（照珍）」
ツヽ出し候、善可仕候、是以不可背、又空賢事、せかれより遺、別而不便ニ候条
懇に申置候、若其旨尊玉背候者、可爲曲事旨、急度可申付候事、

「四年者　壽徳院・傳香寺・法金剛院・金剛寺事也」
右一々被背候者、得二公儀ヲ一弟子中ロ談合申、別人之住持ニすへ可被置
ロ幷八幡正法寺観誉上人（花押）(30-2)
候、但他門他家ハ如何ニ候条、弟子中に可被申付候、寺數をもち候ハ不
苦候、能々可被其分別事肝要也、
元和六庚申年十二月吉日「寶囿照珍」（花押）(30-3)
「衆」
照珍弟子中幷観誉上人内者
各御中

九五　寶囿照珍傳香寺讓狀

（端裏書）
「光賢房」
光賢房進之候、
傳香寺之儀、光賢房へ讓与申者也、然者勤行修理等之事、不可有油斷候、万一不
屆事候ハヽ、愚僧弟子中へ寺を可被渡候、何之寺〔〆も〕も其法度仕候、傳香寺本寺之

事、芳秀様へ何と可仕と尋候處、彼寺者新造之間、時之坊主次第と御意候、雖然、招提寺近所事候上、兩代まて住持候間、時々法事出仕可然候、貴所八卦見之事度々申候、堅可被留候、左様ニ無之候へ共、泉奘様愚老まて失面目事候、仍狀如件、

寛永四丁卯三月日寶圓照珍（花押）(30-4)

九六　寶圓照珍置文

「弟子中申置」

此牛長物讓狀取出、其後又御朱印幷書物共大事之書物候条、一紙も取出事、堅可爲曲事候、此牛長物者惣物として大事之道具入用之時者、弟子中ニ三人つゝ寄合、符をきり取〔×文〕出、又如本入置可申者也、牛長物者何成共、慥藏も御座候處ニ預可置者也、以上、

（寛永四年）卯三月日　寶圓照珍（花押）(30-5)

九七　寶圄照珍辭世懐紙

寶圄照珍臨終時

南无弥勒應正等覺

此身おわつて都率へ引攝したまへ

おもひ出よ年月こゝにすみなれて

今は都率をねかいてそゆく

空賢子女死去之時不便におもひ

彼子女か心をおもひやりて

我か里の父と母とにかたりたや

山路をひとりなミたにてゆく

九八　寶圄照珍遺戒偈

遺誡偈曰

吾門人住侶　願斷色財非
忍辱衣身着　須離命利難
勤行精進護　吉羅謹堅持
戒律心文學　興營寺舍專

因打伽陀一章以爲證云尓

尸羅止作戒全持　願必都天樂果生
灌頂瓶成尊信受　凡身卽佛理安然

城州八幡　壽德院第五代
同　善法律寺第廿代
南都　傳香寺第二代
洛陽　法金剛院住

南都唐招提兼北京泉〔涌カ〕誦寺住持
寶圀照珍誌焉
慶長十八年癸丑暢月吉辰

唐招提寺舊藏田券寫　（表題「唐寺旧藏田券寫」）

九九　越前國坂井郡司解

○林康員文書ニヨル、字面ニ「坂井郡印」十三顆アリ、

□□□□朝臣
□□□□□〔元カ〕來立荘家
□□□□□□□〔知〕細勘□私妨□
上□□不得疎略者、謹依符□〔旨カ〕□知實、仍具注
事狀申上、謹解、
　　寶龜十一年四月三日擬主帳外大初位上勳十一等宍人臣
大領外正七位上勳一〔十カ〕一等三國眞人「淨乘」　主政外從七位下丸部
少領外從六位上品治部公

一〇〇　大和國添下郡司解

○林康員文書ニヨル、字面ニ「大和國印」九顆、「添下郡印」二十六顆アリ、

添下郡司解　申賣買墾田立券文事

合墾田伍段陸拾歩　在京南二條一村國里十七林田二百六十歩 六十歩十九瓶田三段三條一栗田里五埋田

右、得右京三條一坊戸主正七位下上毛野朝臣奥繼戸口同姓弟魚子解狀偁、己墾田充價直錢拾貳貫文、常地与賣右京九條一坊戸主從七位下陽侯忌寸弟永戸口同姓廣城已畢、仍賣買兩人勒署名、立券文如件、以解、

賣人上毛野朝臣弟魚子

相賣人戸主内舍人正七位下上毛野朝臣奥繼

買人陽侯忌寸廣城

大同元年十二月十日擬主帳矢田造

「毀」

大領正八位下大和連「志貴麻呂」

擬少領大初位上刑部「國堅」
「國判立券參通　一通留國　一通置郡
　　　　　　　　一通給今主
　　大同二年五月三日少初位下守少目勳七等大伴宿祢「眞長」
從五位下守守藤原朝臣　　　　　正六位下行大掾安倍朝臣
從五位下行介勳七等笠朝臣「庭麻呂」　正六位下行少掾石川朝臣
　　　　　　　　　　　　　　從七位下行大目膳大伴「梶足」」

一〇一　近江國坂田郡長岡郷長解

○林康員文書ニヨル、字面ニ坂田郡印數十顆アリ、

（坂田郡）
長岡郷長解　申部内伯姓切常根賣買墾田立券文事
合壹段
「三合」大原二條三里廿五墓原百八歩

「三合」　廿六柿田百八十歩

賣人長岡鄕戸主輕繼人戸口秦富麻呂

得買人

右、得管鄕長丸部今繼解狀偁、戸主輕繼人戸口秦富麻呂□□〔申云〕、依己之所負正稅、己之父秦永壽之名墾田矣、限永年價直稻充參拾束、賣与淺井郡湯次鄕戸主從六□〔位カ〕下的部臣吉野戸中嶋連大刀自咩既畢者、依鼓〔款カ〕狀、彼□□〔保證カ〕刀祢等召集覆勘、所陳有實也、望請鄕解文欲立券文者、今依申狀、賣買勒兩人連名、立券文如前、卽附買人申送、以解

弘仁十四年十二月九日專田主秦永壽

賣人秦富麻呂

弟秦長種

母息長秋刀自女

買人中嶋連大刀自咩

郡判之

大領息長眞人　　主政文忌寸

少領穴太村主牛養　副主政湯坐連　戸主輕我孫繼人
主帳烏次惟成　保戸主粟田人勝
輕我孫吉長
輕我孫廣吉
郷長丸部今繼

「仁　寛　封」（〇林康員文書ニ見エズ、朱方印寫二顆アリ）

一〇二　近江國坂田郡大原郷長解寫

〇字面ニ「坂田郡印」寫三十六顆アリ、正親町家舊藏文書所收「唐招提寺施入田券文寫」ニヨリ校合ス（以下「正親町文書」ト略稱ス）、

□申依部内百姓所負雜官物、限永年賣買墾田立券文事
□捌拾歩　直米參斛陸㪷一段充六斗
□三條二里十五蓬田東畔本云、

□〔大カ〕原郷戸主秦繼麿戸口建部繩公云、

今□買人淺井郡湯次郷戸主正六位上的臣吉野戸口中嶋連大刀自古云、

右、管得大原郷長敢臣廣主解狀偁、部下百姓建部繩公申云、依所負雜官物、己之祖墾田、限永年充直米三石六斗、上件大刀自古沽与旣畢者、今長依解狀、保證人等召集勘問、所陳有實、仍注事狀立劵文如件、以解

件正本作行非

天長九年四月廿五日專田主建部「繩公」

妹建部眞持妹「　」

妹正本無

戸主秦「繼麿呂」

本有二字或上本末誤歟

郷長敢「廣主」

郡判

大領外正七位下穴太村主「牛養」　主政外大初位下志賀忌寸

副擬大領從七位上息長眞人「福繼」　擬主政大初位下春日臣

少領外從八位上坂田酒人眞人「廣公」　副擬主政大初位下穗積臣

擬少領大初位下比瑠臣「薗繼」
副擬少領息長眞人
承和六年三月三日

一〇三　近江國坂田郡大原郷長解寫

〇正親町文書ニ同文ノ寫二通アリ、

□長解　中依部内百姓限永年賣買□
合墾田壹段佰歩　直糀伍斛蚪　大原一條四里六莒〔作カ〕□
賣人横川驛家戸主初位下山前連魚麿戸口同姓廣繼
今得買人淺井郡湯次郷戸主從七位上的臣吉野戸口中嶋大刀自古云、
右件懇田、依己所負官物、限永年与沽上件大刀自古既畢者、今依申狀、保證人等
召集勘問、所陳有實、仍立券文如此、以解、
天長十年二月卅日專賣人山前連廣繼
戸主山前連

依唐本作俵非
合正乙本無
己唐本訂毛改
己
上正乙本作又
非〇大正乙本
作文非〇刀自
唐本作負非〇
今唐本正甲本
作令非〇狀正
甲本作伏非

郡判

大領外正七位下穴太村主　　主政外大初位下志賀忌寸

副擬大領従七位上息長眞人　　擬主政大初位下春日臣

少領外従八位上坂田酒人眞人　　副擬主政大初位下穂積臣

擬少領大初位下比瑠臣

副擬少領息長眞人

一〇四　八木造大庭麻呂墾田賣券

○東京國立博物館所藏文書ニヨル、

〔立カ〕□券文事

□歩　　物直稲柒佰拾肆束柒把

〔大カ〕□原一條六里十四陵浦田三段九十歩　、直稲壹佰肆束

仝十九畠田五段　、直稲壹佰陸拾束

仝廿五小椋田二段　、直稲陸拾肆束

□五里廿四長岡田二段百歩「定二段二百九十六歩」、直稲柒拾參束

仝卅古井田五段　、直稲壹佰陸拾束

〔仝カ〕□□條五里廿七楊田三段五十四歩　、直稲柒拾陸束伍把

仝卅三楊田三段六十歩　、直稲柒拾柒束貳把

賣人右京九條二坊戸主八木造大庭麿者、

買得人淺井郡湯次郷戸主從六位下的臣吉野戸口中嶋連大刀自咩者、

右件墾田、依母存生日請用所負、限永年充價直稲柒佰拾肆束柒把、与賣上件大刀自咩既畢、仍注狀立劵文如件、以解、

天長十年三月四日戸主八木造大庭麿

男子八木造

〔弟〕第八木造廣庭

八木造

一〇五　近江國驛家長解寫

○正親町文書ニ同文ノ寫二通アリ、

驛家□〔長〕解（横川驛カ）　中依部内佰姓所負祖〔租カ〕米限永年賣買墾田□

合

在大原二條六里廿七家依田二百六十歩　直米捌㪷肆升

七里廿五社邊田一段　直米壹斛貳㪷之

賣人驛家戸主秦仲麿戸口大初位下小長谷造福成者、

今得買人淺井郡楊〔湯カ〕次郷戸主從七位上的臣吉野戸口中嶋大刀自女者、

右、管得驛家長文部麿之解狀偁、部下戸主仲麿申云、戸口福成申云久、己依所負祖〔租カ〕米、限永年賣与上件大刀自女既訖者、今依申狀、保證人等召集、追勘問所陳有實、仍劵文立如件、以解、

承和二年二月十日大初位下小長谷造福成

祖正乙本作粗

㪷正乙本作斗

之正乙本無

問唐本正甲本作間非

二正乙本作十一恐非

造下正甲乙本
在小

妹小長谷造大刀自女

妹小長谷造眞大刀自女

戸主秦

秦

山前

秦

敢

驛家長文部

一〇六　大和國平群郡某鄕長解寫

〇字面ニ郡印寫四十顆アリ、正親町文書ニ寫アリ、

［　　］長解　申賣買家地立券文事

［　　］區

板唐本作坂非
地正本作池非
歩正本作反非
六正本作二
東唐本作支非
地唐本作北非
文正本作之非
申唐本作中非

立物板倉壹宇　三間土居板敷板屋壹間在扉二具

地四段百八十歩之中　熟地三段　栗林一段百八十歩　四至　東限山垣　南限石川朝臣黒主幷紀氏神地　西限道　北限中道幷畔

在平群東條一平群里十三十四兩坪

右、得左京六條一坊戸主石川朝臣眞主戸口同貞子狀偁、己祖地矣、以稲貳佰肆拾束充價直、常地与賣右京四條二坊戸主從七位上守少判事紀朝臣春世既訖、望請依式立劵文、但從來祖地無有本劵者、長依款狀覆勘、所陳有實、仍勒賣買兩人幷保證署名、立劵文申送如件、以解、

賣人石川朝臣「貞子」

買人從七位上守少判事紀朝臣「春世」

保證刀祢

石川朝臣「宗雄」

紀　朝臣「氏世」

發勢朝臣「淨河」

紀　朝　臣「本男」
五百井造「道虫」
穂積朝臣「興志」
高　市　連「豊宗」
大石村主「豊山」
間人宿祢「家吉」

貞観十二年四月廿二日郷長

二正本作三

「郡判立券貳枚 此枚主析
兼擬大領従七位上三嶋縣主「宗人」　擬主帳額田部
領无位高志連「継成」　副擬主帳平群「糸主」」

一〇七　某寺資財帳寫斷簡

○字面ニ朱方印寫（印文不明）四十四顆アリ、正親町文書ニ寫アリ、

五条荒木里卅五卅六両坪七段熟田

一故座主光詮院施入田地

佛名會析

〔綴カ〕段憙郡

十条高縁里五六八并三箇

地子米九斗田二百歩

地子半〔米カ〕四斗

地子半〔米カ〕五斗

修理并佛僧供析一町七段三百卌歩　地子三斛五斗八升

米二斛三升

大豆一〔斛〕□〔五斗カ〕

〔綴カ〕段憙郡

廿条小栗栖里廿三坪三段百六十歩　地子米八斗三升

二段秦春永置本云　地子米五斗

一下缺字正本斗非

栗唐本作東栖正本作柄

本云二字唐本判讀不能

一段百六十歩　地子米三斗三升

廿一条荒船里十三坪四段　田原下薗垣内

地子大豆四斗

廿一坪一段　地子大豆一斗五升

廿二条栗栖社里廿三坪四段　地子米一斛二斗

横枕里九坪二段畠　地子二斗

寺門里五坪一段畠　地子一斗五升

栖江里廿六坪一段畠　地子一斗五升

相樂郡

五条桑本里十三坪畠一段　地子大豆五斗

一故寺主僧平禹施入地二段卅六歩　地子米一斛二升

在久世郡一条竹原里四五八幷三箇坪

奉顯十一面千手觀音御燈分析所施入也、

一正本無

社正本作杜

升正本作斗

右件寺、元是苦行者故元興寺僧證守和尚所建立也、爰

一〇八　永原穀子墾田賣券案寫（本文省略）

○コノ文書一一一號ノ案文ニシテ、日附以下ヲ缺ク、ソレ以前ハホボ同文ナリ、ヨツテ本文省略ス、

一〇九　陽成天皇宣旨寫

○正親町文書ニナシ、

□參升
□陸兩
□細毛綿壹連
□□□□〔觀錢參〕貫文
□人當麻□〔兼ヵ〕相

□宣偁、日者　太上天皇聖躬不豫、非賴佛□□□須東大・元興・興福・
大安・藥師・西大・法隆・招□〔提〕□寺各擇名僧廿口、始從來月三日三箇日間、
轉□□衆人同心一部、必盡其衆僧交名經王卷□、又崇福・梵釋・四天
王・新藥師・龍門・現光・壺□□香山・神野・三松等十二箇寺、各鳴供〔洪カ〕鐘、同祈
□三綱率其徒衆、慇懃誓願、言是　裏旨□者、寺宜承知、依宣行之、
元慶四年十一月廿九日大史興道宿祢春榮
□長

一一〇　永原穀子等賣券寫斷簡

○首尾紙繼目ニ某寺方朱印寫各一顆アリ、正親町文書ニ寫アリ、第八號永原穀子等墾田并家地賣券案末尾ノ寫カ、

□由、以解、

仁和三年七月七日

專賣永原利行女子永原穀子

専賣薩子正六位上永原朝臣岑胤

男同姓良薩

男同姓忠道

保證刀祢

輕我春澄

大神朝臣康生

縵連

宗岳朝臣道高

・三國眞人淨雄

國唐本作園依正本改

郡司

郡老伴宿祢鹿雄

擬主帳子部連田作

擬大領糸井造繼貞

壬生造

擬大領内藏伊美吉氏雄

擬少領中臣連清繼

一一一　永原穀子等墾田賣劵案寫

○首尾紙繼目ニ某寺朱方印寫各一顆アリ、一〇八號文書幷ニ正親町文書ノ寫ト校合ス、

「案」

謹解　中立賣買墾田劵文事

合墾田陸段貳佰拾步　　直貞觀錢伍貫文

在城上郡貳拾條□〔三カ〕□□□□十八坪一段二百步、十九坪二百六十步

貳拾壹條三跡田里廿四坪二段百步、廿五坪三段二百廿步

右墾田、故尚藏從二位緒繼女王地也、而以去承和十四年十一月二日、賜家別當永原利行已了、因茲副其給書、常地賣与招提寺八講所既畢、仍勒賣買兩人並保證等署名、立劵文如件、以解、

仁和三年七月七日專賣利行女子永原穀子

（頭注）
條以下五字分一〇八號空白
賣一〇八號正本作買
署一〇八號正本作著
日附以下一〇八號缺

相賣茀〔弟〕蔭子正六位上永原朝臣岑胤
男同姓良蔭
男同姓忠道
保證刀祢
輕我　春澄
大神朝臣康生
縵連
宗岳朝臣道高

高正本作尙

一一二　大和國城上郡大神郷長解寫

○字面ニ朱方印寫（印文不明）三十七顆アリ、正親町文書ニ寫アリ、

立正本作直非

大神郷長解　中常地賣買地立劵文事
合地參段佰貳拾步　在城上郡廿二條一千代里廿一廿二兩坪西一

朝正本作明
河正本作町
先正本作充

四至　東限伊勢朝子地　南限椋橋河
　　　西限伊勢菅仁地　北限公田

右□□〔家〕地、得左京六條一坊戸主先飛彈守正六位下伊勢朝臣春友戸口同姓□□〔子カ〕
解狀偁、此己等處分地也、而今先差□貳佰束、招提寺進賣已□、望請依式立□〔券〕
□〔文カ〕者、□〔今カ〕刀祢□望地覆勘、所陳有實、仍立券文如件、以解、

寛平三年四月十九日鄕長

賣人伊勢朝臣□
伊勢朝臣□
伊勢朝臣「惟□〔茂カ〕」

保證刀祢
伊勢朝臣「菅孝」
大貞連「貞岡」
淡海「好平」
伴「良忠」

郡判　　　　　　　　　　　　　　　　　　秦
検校内蔵
権検校大神「茂幹」　擬主帳多治「安仁」
擬大領子部　　　　擬主帳大野「貞宗」
擬少領大和「冬雄」

幹唐本不分明

一一三　某郷長解案写

○正親町文書ニ写アリ、

案文

□長解　申立売買百姓治田券文事
□段佰捌拾歩　四至 限東秦千人地 限南公田 限西畔 限北畔
在十四條四鳥井里四坪
□、得戸主氷連薭麿戸口同姓虫子辞状偁、件田□〔虫カ〕子之父十二月麿賜処分家地也、

氷正本作水非

而有地頭水濕、不能爲家地、因茲任格旨治開、充價直稻捌拾束、沽与常地右京六
条二坊戸主〔正六ヵ〕□位上宇祢備眞人貞籠□従六位下同姓池主既畢、望請依式欲立
券文、〔有〕□長依辞狀、加覆審所陳有實、仍勒賣買兩人幷保證署名、立券文如件、以
解、

寛平八年五月十九日鄕長大宅夏吉
左喰指
｜｜｜｜本

備唐本作講

（ココニ墨線アリ）

畫指唐本在左行墨線上

（朱書）
「裏文書不分明」

朱書正本無

康保四年八月六日　　巨勢（印）

一一四　伊勢惟茂田直米請文寫

○正親町文書ニ寫アリ、判收以下ニ某寺朱方印寫十二顆アリ、

謹解　　申請地直䥩

合地參段佰貳拾歩直米壹拾斛

在城上郡廿二条一里廿一廿二兩坪内西一

右件地直、依員所請如件、以解、

寛平三年四月十九日伊勢惟茂

「判収、大般若料田沽直錢耳、卽大般若讀經料買納已了」

上座「安壹」　都維那

寺主「豊高」　小寺主

五師「明智」　小寺主「仁惟」

宿德

大法師「慶眞」

大法師「延輪」

一一五　唐招提寺請納文寫

○正親町文書ニ寫アリ、

招提寺

請納布乃利貳斛伍㪷價直錢伍佰文升別二文

右件布乃利、送御書拾貳斛云々、而政所半石量定如右、以去二月沽買升別貳文、但今宜定附後使申送、又政所料所送給布乃利參斛、捧悦請納如件、仍附還使、具狀奉送如件、

延喜二年七月十四日

檢校「豊高」　都維那「慶譽」

上座「增衛」　目代「仁繼」

寺主「法叡」　小寺主

小寺主「興弼」

謹上　相庶〔應カ〕寺長官　院下

伍唐本作任非

一一六　伊州某書状写

○鈴鹿氏所藏文書ニヨル、

付便信、頃年狀奉貴下、不□少僧外土朽木、成円法師□尒被捨太天末つ利天、雖悔嘆□益、若命存者、以春初參□□〔等カ〕數所申給、而藥師院北□倉、被請宿雜器之中、瓰盖四□〔口カ〕・大折櫃一合・桶三口・長櫃一荷、此□〔平カ〕潜禪師尒下行給請文取給、又鶴子下行給、而程遙堺隔、土毛闕□耳、爲恥不少、垂遐迹者宜哉、以□〔狀カ〕、

延喜四年十月廿二日伊州「兼□」

謹々上仁惟小寺主御所

一一七　僧平潜啓狀写

○正親町文書ニ寫アリ、

謹　雜
貉〔啓〕　請物等事

合

潜唐本作偺

右　長櫃一合　瓺蓋四口　桶四口
　　折櫃一合　鶴子一口　小折〔櫃〕一栖（ママ）
右件雑物、随大師仰、請下如件、
　　　　延喜四年十二月十一日僧平潜

一一八　民部省牒断簡写

○字面ニ「民部省印」写七顆アリ、

圖帳

□年年圖帳、元慶年中圖帳無□□〔能カ〕□勘送、今勒状以牒、
　　　延長七年正月十四日少録檜前友□
□言兼卿藤原朝臣　　　　大丞□□□
大輔兼文章博士三善朝臣　　藤原
少輔源朝臣　　　　　　少丞〔藤カ〕□□

大録菅野
少録□
善道

一一九　僧常住私領田地賣券寫

○正親町文書ニ寫アリ、

沽却　私領田地新□〔立券〕文事
合壹段者
在山城國綴喜郡門田里卅一坪之内
四至　在本券面
右件田元者、僧常住相傳所領也、而今依有要用、現米捌斛本斗定、限永代紀宗清
所賣渡進、在地明白也、敢不可有他妨、依爲後日證文、本券相副、放新券文狀如
件、

斛唐本作解非
紀唐本作記非

暦仁元年十二月十日賣人僧常住

一二〇　大乘院政所下文寫

○正親町文書ニ寫アリ、

大乘院政所下　　古川御庄

可早任例催進七種若菜等事

右件若菜者、任例來六日可沙汰進、兼又御庄泰平、百姓安穩、田畠滿作五穀能熟〔純カ〕、此外恒例吉事等、殊任先規、可致其沙汰之狀如件、以下、

元弘二年正月三日

寺主法眼和尚位（花押）(31)（籠寫）

古川庄

一二一　美濃國茜部庄年貢絹綿送狀

（端裏書）「第三度送文」

（異筆）「絹三疋四丈　綿六筒返了」

美濃國茜部庄

茜部御庄

進上　文永六年御年貢絹并御綿送文事

合

一　御絹貳拾疋

御綿貳佰兩 但本斤定

一　延御絹肆疋

右付兵士頼尊清眞進上如件、

文永六年十二月七日

公文　（花押）(32)

御代官　（花押）(33)

一二三　東大寺別當勝信政所下文

美濃國大井庄

□〔別當カ〕僧正坊政所下　美濃國大井庄

□　下司職事

大中臣觀音丸

□□〔職〕者、大中臣則親重代相傳所職□依慶秀事中絶、其間他人□補來、今觀音丸爲則親嫡孫、□之旨非無其謂、仍所被補下□庄家宜承知、勿敢違失、故下、

弘安六年十一月八日公文大法師（花押）(34)

法印大和尚位（花押）(35)

法眼和尚位(花押)(36)

一二三　東大寺領山城國賀茂庄重書案

(一)六波羅御教書案
山城國賀茂庄

東大寺衆徒等申、山城國賀茂庄「庄」惡黨右衛門入道源佛以下輩、致夜討強盜由事、就請文重訴狀如此、任法可召進旨、度々觸遣處、寄事於興福寺、構城槨(ママ)不叙用使節云々、弥難遁其咎歟、所詮不日莅彼所、破却城槨(ママ)、任法可被召進其身也、仍執達如件、

德治三年五月五日　越後守御判

春近馬允殿

服部平三殿

(二)六波羅御教書案

東大寺衆徒等申、山城國賀茂庄惡黨源佛以下輩、致夜討強盜由事、重訴狀具書度々觸遣之處、不道行云々、使節緩怠之所致歟、所詮不日莅彼所、任法可召進其身、且

載起請詞、可被申子細也、仍執達如件、

延慶四年三月十六日　越後守御判

春近馬允殿

服部平三殿

一二四　六波羅御教書案

山城國賀茂庄

（端書）「兩御使御教書案」兩御使各別御教書取了」

東大寺衆徒等申、山城國賀茂庄悪黨源仏以下輩、致夜討強盜由事、重訴狀具書如此、度々有其沙汰之處、依使節無沙汰不事行云々、甚無謂、所詮守度々狀、服部平三相共、不日莅彼所、住〔任カ〕法可召進其身、且載起請之詞、可被申散狀也、〔不脱カ〕更可有緩怠之儀、仍執達如件、

應長二年三月二日　越後守在判

武藏守在判

一二五　六波羅御教書案

（一）六波羅御教書案
山城國賀茂庄

（端書）
「表書ニ服部平三殿とアリ、中ニヲリ書タルウワカキニ同名ヲ書也
タテ　「武藏貞顕下ニアリ」」

東大寺衆徒等申、山城國賀茂庄悪黨源仏以下輩、致夜討強盜由事、重訴狀具書如此、度々有其沙汰之處、依使節無沙汰不事行云々、其〔甚カ〕無謂、所詮守度々狀、春近馬允相共、不日莅彼所、任法可召進其身、更不可有緩怠之儀、仍執達如件、

應長二年三月二日　越後守在判

武藏守在判

一二六　東大寺領山城國賀茂庄重書案

（一）六波羅御教書案
山城國賀茂庄

東大寺衆徒等申、山城賀ロ〔茂〕庄悪黨源仏以下輩、致夜討強盜由事、重訴狀具書如此、度々雖有其沙汰、不事行云々、所詮守度々狀、服部平三相共、不日莅彼所、任法可

召進其身、且載起請之詞、可被申散狀、更不可有緩怠之儀、仍執達如件、

春近馬允殿　正和二年十二月十五日

越後守在判

武藏守御判

（二）春近左馬允請文案

東大寺衆徒等申、山城國賀茂庄悪黨源佛以下輩、致夜討強盜由事、去年十二月十五日御教書謹下預候了、任被仰下之旨、服部平三相共莅彼所、欲召進其身候之處、率數百人引籠所々城墎、及合戰儀候間、以兩使力難召進候、此上者可爲何樣候哉、此条僞申候者、可蒙　諸神御罰候、以此旨可有御披露候、恐々謹言、

正和三年七月廿五日　左馬允藤原ね在判

（三）服部平三家保請文案

東大寺衆徒等申、山城國賀茂庄悪黨源佛以下輩、致夜討強盜由事、去年十二月十七日御教書謹下預候了、任被仰下云々（ママ）旨、莅彼所加其沙汰候之處、多勢引籠

所々城墎候之間、難及使節力候、此条僞申候者、諸神宜罰蒙保身中可蒙罷候、以〔冥〕家〔ママ〕
〔此脱カ〕旨可有御披露候、恐惶謹言、
正和三年
六月十四日　平家保請文

一二七　六波羅御教書案

東大寺衆徒等申、山城國賀茂庄悪黨源佛以下輩、致夜討強盗由事、重訴狀具書如此、就關東御教書、任法可召進之旨、度々雖觸遣不事行云々、所詮、春近馬允相共、不日莅彼所、守度々狀任法可召進其身、且載起請之詞可被申散狀、更不可緩怠之儀、仍執達如件、

正和三年十二月十一日　越後守在判
越後守時敦

服部平三殿

山城國賀茂庄

一二八 服部平三家保請文案

東大寺衆徒等申、山城國賀茂庄悪黨源佛以下輩、致夜討強盗由事、去年十二月十一日御教書、謹下預候畢、任被仰下之旨、致其沙汰候之處、不敍用交名人等候、云所々城槨（ママ）、云方々大勢、退治之分難及兩使力候、此條僞申候者、可蒙諸神御罰候、以此旨可有御披露候、恐惶謹言、

正和四年
三月十四日　平家保請文

播磨國大部庄

（一）大部庄預所僧堯賢軍忠狀案

一二九 播磨國大部庄預所軍忠狀等案

（端裏書）
「一見狀等案 大部庄 申狀等 暦應二年也」

東大寺領播磨國大部庄預所禪宗堯賢申、今年八月十三日、發向押部神澤左衛門尉之城、付御著到、於西尾河原面警固仕、同廿日馳向志武礼峯致合戰之、同日令追落山田城山之凶徒、卽至于詰城麓致合戰之忠次第、釜谷新左衛門尉・中村四郎・同一族等同所合戰之間、令存知者也、然者早爲後證賜御判、可備龜鏡之由相

存候、以此旨可有御披露候、恐惶謹言、

暦應二年十月廿八日　　僧堯賢

進上　御奉行所

大將石塔殿

承了　御判

(二) 大部庄預所馬太郎實長着到狀案

著到

播磨國大部庄預所馬太郎實長

右、今月五日馳參山田城、就御著到候了、仍著到之狀如件、

暦應三年六月廿日

承了　在判

(三) 大部庄預所馬太郎實長着到狀案

著到

播磨國大部庄預所馬太郎實長

右、今月五日爲致軍忠、馳参山田城、同七日就御手分、罷向樫尾谷陣、令致警固之忠候了、仍著到之狀如件、

暦應三年六月廿四日

承了　在判

（四）大部庄預所馬太郎實長着到狀案

著到

播磨國大部庄預所右馬太郎實長

右、今月五日發向山田詰城、同七日就御手分、於樫尾谷陣、于今致忠勤候、仍著到如件、

暦應三年廿七日（ママ）

承了　在判

一三〇　興福寺衆徒牒案

今錢ニ非ザルノ錢ヲ嫌フ

興福寺衆徒牒　東大寺衙

夫代下時衰故歟、近年嫌非今錢之錢之條、自由之所行、併國土乱悪之基、甲乙諸人之煩只在此事、因茲、深所加制誡也、貴寺早可被致同心之沙汰哉之間、故以牒、

文和三年二月　日

攝津　大覺寺文書

攝津國富嶋庄
同國大洲庄

一三一　室町幕府執事細川清氏奉書御教書案

攝津國富嶋庄下司職富嶋藏人太郎跡、事、任御寄進狀之旨、可被沙汰付下地於同國大洲
庄大覺寺雜掌之狀、依仰執達如件、
延文五年三月十二日　相模守（細川清氏）在判
赤松大夫判官殿

攝津國富嶋庄

一三二　攝津國守護赤松光則遵行狀案

（端裏書）「赤松判官遵行案文」
攝津國富嶋庄下司職富嶋藏人太郎跡、事、今年三月十二日御寄附狀幷同日御施行如此、
案文遣之、早任被仰下之旨、沙汰付下地於大覺寺雜掌、可被執進請取之狀如件、

延文五年三月十六日　左衛門少尉 在判

間嶋安藝入道殿

一三三　攝津國守護澁川氏満頼奉行連署奉書案

（端裏書）
「守護殿御遵行澁河殿御代　案文」

攝津國長洲大覺寺雜掌本證申、同國富嶋庄下司職富嶋藏人太郎跡、事、任去八月廿七日御教書之旨、打渡下地雜掌於、可被執「進」進請取之由候也、仍執達如件、

康曆元年九月廿三日　沙弥 在判

刑部丞 在判

兩守護代

一三四　室町幕府執事斯波義將奉書御敎書案

（端裏書）
「官領勘解由小路殿又玉堂殿申鹿苑院殿御代案文」
〔管〕

攝津國長洲庄
同國富嶋庄

於、雜掌間右傍ニアルハ地雜間ノ誤カ

攝津國富嶋庄

攝津國長洲大覺寺雜掌本證申、同國富嶋庄下司職富嶋藏人太郎跡、事、申狀具書如此、渡邊左近將監押領之、太不可然、早停止彼妨、可被沙汰付下地於雜掌、若又有子細者、可被注申之狀、依仰執達如件、

康曆元年八月廿七日　左衛門佐（斯波義將）在判

澁河長壽王殿

一三五　大覺寺本堂千手觀音常燈明料田畠請取狀案

安（ママ）文

請取申常燈明料田畠事

合攝州尼崎大覺寺本堂千手觀音佛前

一壹段　分米壹石四斗西長州内　小寺屋敷

一屋敷　壹所分錢壹貫文地子　尼崎魚崎町■■■■

一貳段　定米貳石四斗西富松之内■■　字佃

一金燈爐壹口

一本文書 貳通、御寄進狀・同目録

右爲志趣者、富田越前守重春 法名德岩宗賢居士、現契大椿八千歲壽齡、或殊武運長久而悪人退失、任心（必至）當〻臺榭上生蓮臺、二世願望一一成就円滿者也、仍請取狀如件、

永正六年己巳十月十二日　奉行不動院 圓戒

地藏院 良秀　寶生院 忍戒

富田越前守殿

一三六　大覺寺領注文案

指出「大永元年辛□(巳)寺町殿下代橋本殿之時」

參段　野地　寺□

貳段　野地　宗祐

壹段　野地　護〔摩〕□方
壹段　上取　造〔營ヵ〕榮方
貳段　野地　如來院
壹段　上取　如來院
貳段　中野　備中屋
壹段　野地　与次郎
貳段　上取　与次郎
三百歩　野地　七郎
半之内　小野地 六十歩堤断　七郎
貳段　野地　妙光坊

瑞昌分

參段六十歩　東野
壹段　中野

壹段　野地

大永元年十一月十二日　大覺寺[　]

一三七　大覺寺領支證注文案

支〔證〕□之注文[

一　五通下〔司〕□職[　　　　]御祈禱之〔御ヵ〕□教書[　　]

一通ゝ守護殿〔御〕□遵行武〔州〕[　　　　]之御沙汰之時　ゝ康

一通　御奉書二■

一二通ゝ守護殿御遵行　康曆・[　　]

（曆、史料編纂所影寫本ニヨリ補フ）

一一通官領御奉書　應永六年

一通　守護殿御遵行　應永六年

一三八　野地前田本役納所注文

「永禄十二年　巳□」
野地前田本役納所注文

三反　野地　八百十三文　寺分
二反　野地　五百四十一文　宗祐分
一反　同　二百六十九文　修理方
一反　同　二百六十九文　護广方
一反　同　二百六十九文　不動院
　　　　　　五百四十一文
二反　同　五百六十九文　天樹庵分
一反　上取　二百十文　同人
一反　中野　五百九十三文　今ハ平兵へかゝへ　七郎次郎かゝへ
　　参貫五百十七文
　　「五十七」
五百文　不定之分
合四貫六十九文　か

一三九　某知行方掟書朱印狀案

條々

一知行方法度之儀、㝡前被相定といへ共、重而　仰出され候、所務之事、給人百姓相對せしめ可納所、若損免出入有之、以立毛上三分一百姓ニ遣之、三分二給人可召置事、

一土免乞候百姓於有之者、曲事たるへし、若遣之者給人共ニ可爲同罪事、

付立毛作來田畠あけ候百姓有之、曲事たるへき事、

一他郷へ罷越候百姓あらハ、其身之事者不及申、相かゝへ候地下人共、曲事たるへき事、

右條々、違犯之輩あらハ、速可處罪科者也、

三月廿一日　御朱印

一四〇　義繼書狀案

大覺寺長老被申候、於彼寺領、無先例被懸煩候云々、實正候者ㇿ無勿躰事候、急被尋候、爲新儀者、可停彼違乱之由、可被下知候之由所候也、恐々謹言、

九月廿三日　　義繼

修理亮殿

一四一　豊前國大野井・畠原下崎庄等重書案

（一）八幡善法寺雜掌常善言上狀案

豊前國大野井庄
畠原下崎庄

八幡善法寺雜掌常善謹言上
欲早被成進　綸旨於鎮西　宮將軍家、停止樟原新左衛門尉・新田田中藏人・能皮（不知實名）・平周防介（不知實名）・堀新兵衛尉（不知實名）・寺尾龜童丸以下諸方押妨、全寺用、弥
抽御祈禱丹誠、豊前國大野井庄幷畠原下崎庄所務間事
副進
一通　本願尚淸法印寄進狀
一通　綸旨案
一通　地下注進狀案
右當庄等者、八幡宇佐弥勒寺領神事濟〔齋〕會料所、就中爲　天長地久御祈禱、於

當寺毎月大般若經轉讀料足地也、寺務職者、故善法寺撿挍法印尚淸數代相傳之所帶也、而正安二年、以寺務得分寄附當寺、始置十二時不斷之愛染供・同三時護摩以下種々勤行、奉祈　天筭長久國家安全之處、近年樟原新左衛門尉以下之輩、無是非押妨所務之間、寺用忽失墜、御祈禱已擬令退轉之条、冥慮尤難測者也、此上者、急被成進　綸旨於鎭西　宮將軍家、被停止諸方之違乱、全寺用、弥抽御祈禱之精誠、粗言上如件、

正平廿一年三月　日

（二）善法寺置文案

定置　善法寺

可早以弥勒寺領豊前國大野井庄幷畠原下崎庄、限永代爲供料、爲　天下泰平國家安寧、始自今年（正安）二、十一月一日、令勤修長日護摩供養法事

一　毎日愛染明王護摩一時、同不斷供養法

一　毎日光明眞言護摩三時

右、割分重代相傳之所領、寄附佛陀、充于長日行法之供析、令祈我願者、古今之通規、賢愚之所勵也、爰尚淸者、苟禀累葉芳塵、別〔列カ〕于宗廟之器用、所祈者一天四海之靜謐也、寤寐不懈焉、所念者花落〔洛誤カ〕柳營之安全也、朝暮抽誠矣、叶神慮之故、已遂釐務之前途、叶皇意之故、所全相傳之朝恩也、云神德、云皇恩、可報可謝者歟、因茲、以數ヶ之坊領寄附當山、始置長日勤行、或建立二宇之律院、令止住僧尼、同寄進坊領之上、重以寺領大野□〔井〕庄并畠原下崎庄、永寄進當寺、以件乃貢相充供析、始自今日限未來際、毎日可勤修愛染明王護摩一時・同不斷供養法、此願非他事、偏奉爲　金輪聖王玉躰安穩天下泰平也、仰願三寶諸如來哀愍我願、伏乞　八幡大菩薩網〔納〕受此誠、相續門跡之子孫、不可成析所之違乱、止住寺院之僧侶、不可有行法之退轉、遙期慈尊之出世、可積護摩之薫修、仍定置狀如件、

正安貳年庚子十一月一日

法印大和尚位在判

(三)後村上天皇綸旨案

八幡宮善法寺領豊前國大野井庄、西郷兵庫允押妨事、性心上人申状(顯景)副具書、如此、子細見狀候歟、早可令沙汰居寺家雜掌於下地之旨、可有御下知之由、天氣所候也、以此之旨可令申沙汰給、執達如件、

正平十一年十月二日　右大弁光資奉

謹上　勘解由次官殿(五條頼元)

(四)大野井庄畠原下崎庄代官連署申狀案

豊前國大野井庄并畠原下崎庄所務事、近年宮方給人樟原新〔左〕衛門尉不知實名・平周防介不知實名・堀新兵衛尉不知實名・新田田中藏人不知實名・寺尾龜童丸等号預所、令押妨所務之間、地下人等不及年貢沙汰候、早被申成　綸旨於將軍家、令停止諸方違乱之樣、可有申御沙汰候哉、恐惶謹言、

「正平廿年」
十二月廿七日　大野井庄代官法橋定源
畠原下崎庄代官僧永勝

謹上　善法寺知事御斉〔寮〕

（五）後村上天皇綸旨案

善法寺長老本圓上人豊前國大野井庄幷畠原下崎庄等事、雑掌申状副具書、如此、子細見状候歟、無所務煩之様、殊可有御下知之由、天氣所候也、以此之旨、可令申沙汰給、仍上啓如件、

四月九日　　右衛門權佐成（平）棟奉

謹上　坊門新宰相殿

（六）宇佐彌勒寺所司等陳状案

八幡宇佐弥勒寺所司等謹支言上

欲早依度々令旨御下知旨、任當知行實、被弃捐善法寺雑掌常善与給人等相見表裏沙汰、全領掌、弥專神事佛會、當寺領豊前國大野井庄幷畠原下崎庄事、

副進

一巻　令旨御下知依繁略之、少々備進、

右當寺領事、被究渕底之御沙汰、被止給人之綺、被付寺家之条、度々嚴旨厝（ママ）然也、

雖然、給人等、以寺務之得分号有京濟、違乱之間、被召寺務之得ゥ分者、不可有寺務、無寺務者、不可有僚官、無僚官者、以何人可被勤行神事佛會哉之由、歎申之處、御沙汰及豫議（ママ）之間、寺院閇門、神輿動坐、然間、任道理悉被付寺家畢、爰去年善法寺雜掌、就大野井庄事、捧正平十一年　綸旨、爲高辻道准奉行雖支申之、被付寺家訖、仍令開門寺院、當知行之處、今又彼善法寺雜掌得給人之語、致表裏之沙汰之条、一寺一社重事也、爰如善法寺雜掌常善申狀者、取要、右當庄者　八幡宇佐弥勒寺領、神事濟〔齋〕會料所也云々、又云、寺務職者、善法寺撿挍法印尙清數代相傳之所帶也、而正安二年、以寺務得分寄附善法寺云々、此條、當庄被付寺家訖、寺務得分事、自寺務被下狀者、調群議可申子細之處、常善得給人之語、致相見沙汰之条、宜足上察、次如常善去年申狀具書者、大野井庄寄進云々、隨而、綸旨子細同前、如今年申狀具書者、載畠原下崎庄訖、一事兩樣之段、旁以不審也、此等次第可申寺務方也、所詮、當論者對于給人之申狀也、被付當庄於寺家之上者、爲弃捐善法寺雜掌奸訴全寺役、支言上如件、

正平廿一年十月　日

（七）征西大將軍宮（懐良親王）令旨案　豊前國菊丸保

八幡宇佐弥勒寺領豊前國畠原下崎庄・大野井庄・菊丸保等事、就牒送狀其沙汰畢、所詮於彼所々者、止田中藏人并國衙妨、所被返付寺家也、此上者、令開門寺院、可從神事佛會之旨、可被相觸寺家也、仍執達如件、

正平十六年十月十八日　勘解由次官（五條賴元）御判

大宰少貳（賴澄）殿

（八）豊前國守護少貳賴澄施行狀案

八幡宇佐弥勒寺領豊前國畠原下崎庄・大野井庄・菊丸保等事、中間略之、早任被仰下旨、莅彼所、嚴密可致其沙汰之狀如件

正平十六年十月廿二日　（少貳）賴澄在判

守護代（武尚）

（九）豊前國守護代尾張權守頼鄕打渡狀案

畠原下崎以下寺領等事、任令旨奉書之旨、令打渡寺家上者、急速相觸寺僧等、被開寺院之者目出候、恐々謹言、

十月廿六日　　尾張權守頼鄕在判

謹上　弥勒寺留守殿

（一〇）征西大將軍宮令旨案　豊前國屋山保

八幡宇佐弥勒寺領豊前國大野井庄・畠原下崎庄・屋山保事、中間略之、止給人等押妨、悉被沙汰下地於寺家、載起請之詞可被注申、仍執達如件、

正平十八年四月廿三日　　右中將御判

野仲鄕司殿

（一一）征西大將軍宮令旨案

去月廿三日御敎書、謹拜見仕候畢、

抑如被仰下者、　八幡宇佐弥勒寺領豊前國大野井庄・畠原下崎庄・屋山保事、中間略之、　任被仰下之旨、沙汰渡彼所々於寺家之由、被仰下之狀如件、

正平十九年八月廿四日　　大藏卿（藤原資世カ）御判

野仲鄉司殿（政道）
久下七郎入道殿（本光）

（三）左近將監政道請文案

八幡宇佐弥勒寺雜掌申、豊前國大野井庄・畠原下崎庄・屋山保事、中間略之、仍任被仰下旨、打渡下地於寺家候訖、以此旨可有御披露候、恐惶謹言

正平十九年十月七日　　左近將監政道（野仲鄉司）請文在判

（三）沙彌本光請文案

八幡宇佐弥勒寺雜掌申、豊前國大野井庄・畠原下崎庄・屋山保事、訴狀具書如此、中間略之、　任被仰下旨、打渡下地於寺家候了、以此旨可有御披露候、恐惶謹言、

正平十九年十月七日　　沙弥本光（久下七郎入道）請文在判

進上　御奉行所

（四）征西大将軍宮令旨案

八幡宇佐宮神輿動坐事、注進幷宮寺解状披露了、所詮先度被載〔裁〕許地事、莅彼所々、任注文可被沙汰、次守護人頼澄押妨地事、子細同前、於頼澄罪科之段者、厳察〔密〕可有其沙汰也、次守護代武尚違乱事、被尋仰之処、不存知云々、不及意〔異カ〕儀、同可打渡之、次京済分事、雖為各別、沙汰之篇以別儀所〔脱アルカ〕被寺家也、此上者不日帰坐、可専神事仏会之旨、可被相触神官所司之由、被仰下之状如件、

正平廿年閏九月廿三日　左少将御判

別符安芸守〔種此〕殿

斎藤左衛門大夫殿同前

（五）征西大将軍宮令旨案

当寺領事、先度被経御沙汰、可被付寺家之由、被仰光名・種此等之処、猶以不道行云々、仍守〔×寺〕注文之旨、重厳察〔密〕可沙汰付之由、所被ｓ仰〔山田〕政朝・種此等也、此上早令開門寺院、専仏会、可抽御祈祷精誠之旨、被仰下状如件、

正平廿年十二月廿一日　大蔵卿御判

宇佐弥勒寺留守殿

（一六）征西大将軍宮令旨案

八幡宇佐弥勒寺領事、注文如此、早莅彼所、可被沙汰於寺家之由、被仰下之状如件、

正平廿年十二月廿一日　大蔵卿御判

別符安藝守殿（種此）

山田美濃守殿（政朝）　同前

（一七）宇佐彌勒寺領豊前國庄保注文案

可沙汰付弥勒寺領注文、正平廿　十二　廿一
（裏）□判　奉行人高辻將監入道々准

注進

宇佐弥勒寺領豊前國庄保事、

一　御所御手知行分

豊前國弘山庄
菊池武光

弘山庄　平周防守幷菊池武光従人荒瀬幸明

大野井庄　熊皮跡　久木〔×未〕原忠光　典厩御手
畠原下崎庄　新田々中藏人　屋山保　典厩御手
菖〔蒭カ〕野庄　大藏一家幷林原出定〔雲カ〕　自余略之
右且注進如件、
正平廿　潤　九月　日
種此〔別符〕　政朝〔山田〕請文略之、

（六）宇佐彌勒寺所司等重陳狀案

八幡宇佐弥勒寺所司等重支言上、
欲早被處善法寺雜掌常善於謀書罪科、且被止給人相見沙汰、全當知行、專神事佛會、奉祈　天下泰平、當寺領豊前國大野井庄・畠原下崎庄事、
副進
一巻　令旨　幷使節請文　先進

右當庄等者、神事濟〔齋〕會粁所也、爰寺務先師建立善法寺、以大野井庄之寺務得分、被奉寄彼寺歟、仍寺務假名者号善法寺、於畠原下崎庄者、更以無其儀之處、今始而号故尙清法印坊奉寄狀者、書入具書之条、言語道斷所行也、隨而如正平十一年　綸旨者、大野井庄云々、謀書之段指掌訖、以支狀可被究渕底之處、掠申御教書之条、造意之企奸曲也、所詮被付當庄於寺家、當知行之上者、常善申狀非御沙汰之限、然早且被處謀書之咎、且爲被止給人相見之沙汰、重支言上如件、

正平廿二年二月　日

（一九）宇佐彌勒寺所司等陳狀案

八幡宇佐弥勒寺所司等謹弁申

欲早依度々御教書旨、任謀書實、被處善法寺律院雜掌常善於罪科、全寺領抽御祈禱忠節、當寺領豊前國大野井庄・畠原下崎庄等事

副進

二通　綸旨案幷正安二年寺務故尙清法印坊大野井庄寄進狀案

一巻　令旨幷使節散狀等　先進訖
一通　先度支狀案
二通　御教書幷使節別符種此催促狀

右當庄等者、　勅施入之寺領、寺用割置之析所、異于他之条言上事舊畢、爰地下安東孫次郎入道助阿幷舍弟三郎入道生阿以下輩、寄事於左右、致合見表裏沙汰之間、自正平十二年以來、就訴申被成下數ヶ度御教書、寺家當知行之處、八幡善法寺律院雜掌常善如申成　綸旨者、善法寺長老本圓申、豊前國大野井庄幷畠原下崎庄等事、雜掌申狀副具書、如此、子細見狀候歟、無所務之煩樣殊可有御下知之由、　天氣所候也云々、同如常善正平廿一年三月日申狀者、右當庄等者、八幡宇佐弥勒寺領神事濟〔齋〕會析所、就中爲天長地久御祈禱、於當寺每月大般若經轉讀之析所也、寺務職者故善法寺檢校法印尙淸數代相傳之所帶也、而正安二年、以寺務得分寄附當寺云々、　此條就彼奸訴、所司等令進入支狀之後、正平廿一年十二月十三日御教書、幷今年二月六日使節別符安藝守種此催促狀、同月十日到來、不終沙汰之篇、相尋實否、載起請之詞可注申云々、此條、正安二年尚清法印坊寄進狀者、爲大野井庄所見者也、案文備于右、子細見丁狀者歟、仍去正平十一年綸旨・雜掌解・具書等顯然之處、去年正平廿一年雜掌常善備進正安二年尚清法印坊寄進狀者、大野井庄幷畠原下崎庄之由、令入筆畢、言語道斷所行也、謀書之段令露顯畢、　御代不替、訴人同寺也、正平十一年備進寄進狀、今又同廿一年備進寄進狀、文章不違、令書入畠原下崎庄之条、今作之狀勿論也、罪科爭可遁哉、賢察有暗者哉、且尚清法印坊事、　公家武家名譽人也、判形不可有其隱之上者、所詮被召出彼正文、且被召置雜掌常善、任定法被處謀書之咎、全寺領等、爲抽御祈禱之忠厚、披陳言上如件、

正平廿二年二月　日

(三〇)後村上天皇綸旨案

八幡宮善法寺領豊前國大野井庄、西郷兵庫允押妨事、性心上人申狀副具書、如此、子細見狀候歟、早可令沙汰居寺家雜掌於下地之旨、可有御下知之由、

天氣所候也、以此旨可令申沙汰給、執達如件、

正平十一年十月二日　　右大弁光資奉

謹上　勘解由次官殿（五條賴元）

（三）善法寺置文案

定置　善法寺

可早以弥勒寺領豊前國大野井庄、限永代爲供粁、爲天下泰平國家安寧、始自今年（正安二）十一月一日、令勤修長日護摩供養法事、

一　毎日愛染明王護摩一時、同不斷供養法

一　毎日光明眞言護摩三時、

右割分重代相傳之所領、寄附佛陀、充于長日行法之供粁、令祈我願者席之器用、所祈者一天四海之靜謐也、寤寐不懈焉、所念者花洛柳營之安全也、朝暮抽誠矣、叶神慮之故、已遂釐務之前途、叶皇意之故、所全相傳之朝恩也、云神德、云皇恩、可報、可謝者歟、因茲、以數ヶ之坊領、寄附當山、始置長日勤行、或建立一宇之律

院、令止住僧尼、同寄進坊領之上者、重以寺領大野井庄、永寄進當寺、以件乃貢
相充供料、始自今日限未來際、毎日可勤修愛染明王護摩一時・同不斷供養法、此
願非他事、偏奉爲　金輪聖王玉躰安穩天下泰平也、仰願三寶諸如來哀愍我願、
伏乞　八幡大井納受此誠、相續門跡之子孫、不可成新所之違乱、止住寺院之僧
侶不可有行法之退轉、遙期慈尊之出世、可積護摩之薫修、仍定置之狀如件、

正安貳年庚子十一月一日

法印大和尚位在判

（三）宇佐彌勒寺所司等陳狀案

八幡宇佐弥勒寺所司等謹支言上
欲早依度々令旨御下知旨、任當知行實、被弃捐善法寺雜掌常善与給人等相見
表裏沙汰、全領掌、弥專神事佛會、當寺領豊前國大野井庄幷畠原下崎庄事、

副進

一通　令旨御下知依繁略之、少々備進、

右當寺領事、被究渕底之御沙汰、被止給人之綺、被付寺家之条、度々嚴旨歴然也、雖然、給人等、以寺務之得分号有京濟、違乱之間、被召寺務之得分、不可有寺務、無寺務者、不可有僚官、無僚官者、以何人可被勤行神事佛會哉之由、歎申之處、御沙汰及豫儀之間、寺院閇門神輿〔動脱カ〕坐、然間任道理、悉被付寺家畢、爰去年善法寺雜掌、就大野井庄事、捧正平十一年　綸旨、爲高辻道准奉行雖支申、被付寺家訖、仍令開門寺院、當知行之處、今又彼善法寺雜掌得給人之語、致表裏沙汰之条、一寺一社重事也、爰如善法寺雜掌常善申狀者、取要、右當庄者　八幡宇佐弥勒寺領神事濟〔齋〕會料所也云々、又云、寺務職者、善法寺檢校法印尚淸數代相傳之所帶也、而正安二年、以寺務得分、寄附善法寺云々、此條、當庄被付寺家訖、寺務得分事、自寺務被下狀者、調群儀可申子細之處、常善得給人之語、致相見沙汰之条、宜足上察、次如常善去年申狀具書者、大野井庄寄進云々、隨而　綸旨子細同前、如今年申狀具書者、書載畠原下崎庄訖、一事兩樣之段、旁以不審也、此等次第可申寺務方也、所詮、當論者對于給人之申狀也、被付當庄於寺家之上者、爲弃捐善法寺雜

掌奸訴全寺役、支言上如件、

正平廿一年十月　日

（三）征西大將軍宮令旨案

八幡善法寺雜掌申、豊前國大野井庄幷畠原下崎庄等事、重申狀具書如此、宇佐弥勒寺雜掌不終沙汰之篇云々、早相尋實否、載起請之詞可注申候也、仍執達如件、

正平廿一年十二月十三日　　左少將御判

別符安藝守殿（種此）

（四）別府種此請文案

八幡善法寺雜掌申、豊前國大野井庄・畠原下崎庄等事、去年十二月十三日御教書如此、早任被仰下之旨、承左右可注申候哉、恐々謹言、

正平廿二年二月六日　　（別符）安藝守種此請文裏判

謹上　弥勒寺留守殿

（三五）八幡善法寺雑掌常善重訴状案

八幡宮　善法寺雑掌常善重言上
欲早任度々　綸旨御教書等旨、被止所司等与給人等内通相見沙汰、被處所司等於謀書咎、全所務、弥抽御祈禱忠勤、豊前國大野井庄幷畠原下崎庄等事、
副進
一通　御教書
二通　御使節別符〔安脱カ〕藝守種此幷留守耀然請文
右件兩庄、爲當寺知行、帯　綸旨以下證狀等之条言上畢、而給人等可被止非分押妨〔領〕之由、令言上之處、所司等以員外之身、捧非據支狀間、条々奸訴之段雖明申、不及一陳之条承伏畢、如支狀者、寺務先師建立善法寺、以大野井庄之寺務得分、被奉寄彼寺歟、仍寺務假名者号善法寺、於畠原下崎庄者、更以無其儀云々、取要、此條、善法寺尚清法印、以彼庄等寺務得分、寄附當寺之間、知行之段勿論、仍承伏之上者、於大野井庄者、當寺可預御下知者哉、　次下崎庄事、尚清法印寄

進狀明白也、何無其之儀之由、可掠申哉焉、

如所司等重狀者、地下安東孫次郎入道助阿幷舍弟三郎次郎入道生阿以下輩、寄事於左右、致合見表裏沙汰云々、取要、

此條、助阿以下輩、合見表裏沙汰何篇哉、胸臆申狀、比興之次第也焉、

同狀云、自正平十二年以來就訴申、被成下御教書、寺家當知行之處、八幡善法寺律院雜掌常善如申成　綸旨者、善法寺長老本円上人申、豊前國大野井庄幷畠原下崎庄等事、雜掌中狀副具書、如此、子細見狀候歟、無所務煩之樣、殊可有御下知之由、　天氣所候也云々、取要、

此條、就彼兩庄之煩、忝被成下　綸旨之處、給人同意之条、違勅之咎難遁者哉、次以正平十二年、始致競望彼庄仁之条承伏、仍不備一通支證、奉掠當御代之条、猶以可謂承伏歟焉、

同狀云、就彼奸訴、所司等令進入支狀之後、正平廿一年十二月十三日御教書幷今年二月六日使節別符安藝守種此催促狀、同月十日到來、不終沙汰之篇云々、

取要、

此條、背御教書之旨、或得給人等語、或願無理、欲令御沙汰延引条、造意之趣令露顯畢焉、

同状云、正安二年尚清法印坊号寄進状者、爲大野井庄所見者也、案文備于右、子細見于状者歟、仍去正平十一年　綸旨・雜掌解・具書等顯然之處、去正平廿一年雜掌常善備進正安二年尚清法印坊寄進状者、大野井庄幷畠原下崎庄等由、令入筆畢、言語道斷所行也云々、取要、

此條、尚清法印寄進彼兩〔庄脱カ〕於當寺之条、　綸旨幷寄進等炳焉也、嚴重　綸旨以下爲謀書之由、　任雅意及惡口之条、好招其咎者也、次大野井庄煩者正平十一年也、畠原下崎庄者其後事也、非同時煩之間、下崎庄先雜掌不申之歟、彼備進具書等不審状也、被召出正文於公方、加一見可申所存、所詮、所司如本解状者、當論者對于給人等申状也云々、乍捧彼状、又立歸種種稱今案、掠申之条、一事兩樣作沙汰顯然也、相互對于給人等爲訴詔〔訟〕上者、被弃捐所司等姧訴、全

知行、弥爲致御祈禱之丹誠、粗言上如件、

正平廿二年七月　日

（二六）征西大將軍宮令旨案

八幡善法寺雜掌申、豊前國大野井庄并畠原下崎庄等事、重申狀具書如此、宇佐弥勒寺雜掌不終沙汰之篇云々、早可參決之旨、重相觸之、載起請之詞可被注申候也、仍執達如件、

正平廿二年八月七日　　　　左少將御判

別符安藝守（種此）殿

（二七）別符種此請文案

八幡善法寺雜掌申、豊前國大野井庄并畠原下崎庄等事、任今月七日御教書之旨、相觸宇佐弥勒寺雜掌候處、留守耀然請文壹通如此候、仍謹以進覽之、若此條僞申候者、

八幡大菩薩御罰於可罷蒙候、以此旨可有御披露候乎、恐惶謹言、

正平廿二年八月廿二日　（別符）安藝守種此 請文 在裏判之、

（六）彌勒寺留守沙彌耀然請文案

今年〔正平廿〕二、八月七日御教書・同月十五日御催促狀、同月十七〔×七〕日令拜見候旱、抑如御教書者、豊前國大野井庄幷畠原下崎庄等事、重申狀具書如此、宇佐弥勒寺留守不終沙汰之篇、早可參決旨、重相觸之、載起請之詞可被注申候也、仍執達如件、正平廿二年八月七日、別符安藝守殿云々、此條、大野井庄幷畠原下崎庄等事、預數ケ度之御教書、寺家當知行無相違候之處、号善法寺律院之雜掌、依掠申綸旨、雖及御沙汰候、彼畠原下崎庄等謀書仕候之間、其子細先度就御教書幷雜掌解、ロ〔謀〕書以下之次第、令進入所司等狀於御奉行所候旱、其子細申入候處、香春之城落居之時、御沙汰被始者、可被成御教書由、被仰下候之間、相待御沙汰候之處、重掠申御教書之上者、謀書罪科之段、爲申入神文令參上候、以此旨可有御披露候哉、恐惶謹言、

正平廿二年八月十八日　留守沙弥耀然 請文 在裏判

（二元）宇佐弥勒寺所司等重陳状案

八幡宇佐弥勒寺所司等重陳申

欲早且依謀書罪科、且任承伏旨、被行善法寺律院雑掌常善并寺務敵對同意安東孫次郎入道助阿・舎弟三郎次郎入道生阿以下輩於重疊咎、全知行、専神事佛會、弥抽御祈禱忠、當寺領豊前國大野井庄并畠原下崎庄等事

副進

七通　御下知并使節請文等

一通　寺務下知状文和三年三月十日

一通　助阿代圓阿〔×阿〕并長樂寺房永勝請文文和三年壬十月二日下崎庄内三ヶ名請文事

右彼兩庄者、助阿・同舎弟生阿等、乍預當庄之下地、世上動乱以後、或相語守護代西郷兵庫允顯景并高松平四郎等、令對押〔捍〕嚴重之寺用米、或近年屬于　御所御手人々、出少分土貢、令抑留莫太之神事佛會料足之間、對給人申成數ヶ度御下知之条、嚴旨明鏡也、而彼助阿等、自寺務、可被罪科之由治定之上、令自専若干

土貢之餘、失爲方、依難遁其咎、相語律院雜掌、令申　綸旨、致謀書之段、令訴申之處、常善重狀云々、

彼件兩庄、爲當知行、帶　綸旨以下證狀之条、言上先畢、而給人等可被止非分押領之由、令言上之處、所司以員外之身、雖捧非據支狀、条々奸訴間、雖明申、不及一陳令承伏畢云々、

此條、過分申狀也、當寺草創以來、所司等爲官僧、相從宮寺之　勅願濟〔齋〕會、致御祈禱、有寺領之煩者、令言上　公家武家、預　院宣官符武家代々御下知之条、公驗炳焉也、爲員外身之由令申之条、惡口也、尤可被處其咎也、忝　勅施入之寺領等、号被寄附寺務得分於律院、今始而掠給　綸旨之、寺領牢籠之基也、賜御注進、歷奏聞、欲全寺領矣、

同狀云、善法寺尙淸法印、以彼庄等寺務得分、寄附當寺之間、知行之段勿論、仍承伏之者、先於大野井庄者、當寺可有御下知者哉、次下崎庄事、尙淸法印寄進狀明白也、仍無其儀之由、可掠申哉云々、

此條、寺務得分間事、申入公方畢、但助阿等背請文之旨、相語權門之仁、擬令没倒嚴重寺領之間、仰憲法之御政道、申成數ヶ度御下知之条、無異儀、先於大野井庄者、當寺可有御下知哉云々、除畠原下崎庄、限大野井庄令申之条、畠原下崎庄謀書之段承伏、下崎庄事、尙淸法印寄進明也云々、尤可被召出彼正文、當論之肝要此一事也、

同狀云、助阿以下輩合見表裏沙汰、以何篇胸臆申狀比興也云々、

此條、助阿同生阿等与常善合見事、都鄙無其隱、就中常善令居住㝡福寺、宰府、云粮米、云不退召仕百姓、皆以助阿等扶持也、當寺長老衆僧及行者下部等、所令存知也、有御尋日、不可有其隱、令今作謀書狀之条、助阿等所行也、謹仰上裁矣、

同狀云、就彼兩庄事、泰〔忝ヵ〕被成下　綸旨之處、給人同意之条、違勅之咎難遁者、

以正平十二年、始致競望彼庄之条承伏畢、不備一通支證、奉掠當御代之条、希代所行也云々、

此條、有寺領之煩時者、就所司等申、被成下　院宣官符武家代々御下知御教書

之条、載于先段訖、今号　綸旨者、就掠申、無是非被下歟、全非裁断之上者、宜仰
憲裁、　次給人同意之条、違勅之咎難遁云々、對于給人等御下知明鏡也、以何篇
可令同意合見哉、常善給人合見由就訴申、爲遁彼造意、遮而承伏訖矣、
同狀云、背御教書之旨、得給人等語、令御沙汰延引之条、造意之企令露顯畢云
々、
此條、奸曲申狀也、數ヶ年之間、致訴詔〔訟〕者、爲令停止給人之違乱也、乍令存知如
此之子細、爲塞自科令申之条、造意之企顯然也焉、
同狀云、尙淸法印寄進彼兩庄於當寺之条、奉寄進狀等炳焉也、嚴重　綸旨以
下謀書之由、任雅意及惡口之条、好而招其咎者也、次大野井庄之煩者正平十
一年也、畠原下崎之煩者其後事也、非同時之間、下崎庄先雜掌不申之歟、彼備
進具書等不審也、被召出正文於公方、加一見可申所存、所詮、所司等如本解狀
者、當論者對于給人等申狀也、而乍捧彼狀、又立歸種々構今案掠申之条、一事
兩樣沙汰顯然也、相互對于給人等爲訴詔〔訟〕上、被弃捐所司等奸訴、全知行、弥爲

致御祈禱之丹誠云々、

此條、尙淸法印坊兩庄寄進由事、裁〔載カ〕先段事舊畢、　綸旨事、謀書之由不中之、謀書事者寄進狀也、惡口何事哉、尤被召出寄進狀正文、可申所存也、次大野井庄者顯景違乱之、下崎庄者高松平四郞押妨之、共以同年也、爲遁入筆之儀、構中今案之条、謀書之段指掌訖、大野井庄以下所々寺領、自貞和年中守護賴尙押妨之、剰顯景從人等及殺害神官社僧之間、神輿御動坐、仍賴尙避狀明白也、隨而國司下向、寺社領悉被返付宮寺訖、此等次第上察之間、不能巨細、謀書之段弥令露顯者哉、次一事兩樣之沙汰顯然也云々、自元對于給人預御下知之處、常善令同意寺領押妨之仁、致地下一具合見沙汰之間、依爲寺領之大儀、訴申之条勿論也、就何篇、一事兩樣之由可申哉、存外虛言也焉、

以前条々、雖多枝葉、所詮、云預寺家數通之御下知之篇、云尙淸法印坊寄進狀謀書之段、嚴密被經御沙汰、可被處同意之輩於罪科也、畠原下崎庄寺家知行之条、去文和三年閏十月二日助阿代幷永勝請文眼前也、然早被行常善於所當咎、爲全

領掌、披陳言上如件、

正平廿二年九月　日

（三〇）征西大將軍宮令旨案

八幡宇佐弥勒寺領豊前國大野井庄・畠原下崎庄・屋山保事、訴狀具書如此、早任度々御教書、止給人等押妨、悉沙汰付下地於寺家、裁〔載カ〕起請之詞可被注申、仍執達如件、

正平十八年四月〔廿脱カ〕三日　　右中將御判

野仲（政道）郷司殿

（三一）左近將監政道請文案

去月廿三日御教書、謹拜見仕候了、

抑如被仰下者、　八幡宇佐弥勒寺領豊前國大野井庄・畠原下崎・屋山保事、訴狀具書如此、任度々御教書、止給人等押妨、悉沙汰付下地於寺家、裁〔載カ〕起請之詞可被注申云々、任被仰之旨、沙汰渡彼所々於寺家候了、若此條僞申候者、

八幡大井御罰可罷蒙候、以此旨可有御披露候、恐惶謹言、

正平十八年五月廿八日　　　左近将監政道（野仲郷司）請文在裏判

（三）征西大将軍宮令旨案

八幡宇佐弥勒寺雑掌申、豊前大野井庄・畠原下崎・屋山保事、訴状〔具脱カ〕書如此、前々被仰畢、而新田々中藏人以下輩違乱云々、早止其妨、可沙汰付下地於寺家由、被仰下状如件、

正平十九年八月廿四日　　　大藏卿御判

野仲郷司（政道）殿

久下七郎入道（本光）殿文章同分〔文カ〕

（三）左近将監政道請文案

八幡宇佐弥勒寺雑掌申、豊前國大野井庄・畠原下崎・屋山保事、前々被仰了、而新田々中藏人以下輩違乱云々、仍任仰下之旨、打渡下地於寺家候訖、以此旨可有御被露候、恐惶謹言、

正平十九年十月七日　　左近将監政道（野仲郷司）請文在裏判

（三四）沙彌本光請文案

八幡宇佐弥勒寺雑掌申、豊前國大野井庄・畠原下崎・屋山保事、訴狀具書如此、前々被仰了、而新田々中藏人以下輩違乱云々、任被仰下之旨、打渡下地於寺家候了、以此旨有御披露候、恐惶謹言、

正平十九年十月七日　　沙弥本光（久下七郎入道）請文在裏判

進上　御奉行所

（三五）征西大將軍宮令旨案

八幡宇佐弥勒寺所司等申、當寺領豊前國大野井庄・畠原下崎・屋山保事、重申狀副具書、如此、度々被沙汰付之處、給人等猶以押妨云々、早莅彼所々、〔任脱カ〕注文之旨、不日可被沙汰付寺家之由、被仰下之狀如件、

正平廿年八月十二日　　大藏卿御判

山田美濃守殿（政朝）

（三六）山田美濃守政朝請文案

八幡宇佐弥勒寺所司等申、當寺領豊前國大野井庄・畠原下崎庄・屋山保事、重申狀副具書、此如、度々被沙汰付之處、給人等猶以押妨云々、今月十二日御教書拜見仕候了、任被仰下之旨、打渡彼所々寺家代官候了、若此條僞申候者、可罷蒙八幡大井御罰候、以此旨可有御被露候、恐惶謹言、

正平廿年八月廿二日　（山田）美濃守政朝請文在裏判

（三七）沙彌觀惠左衛門尉宗義連署奉書案

弥勒寺領内三箇名事、所務各別之處、混惣庄下崎安東孫次郎入道助阿以下輩致違乱云々、事實者太不可然、以公人可致其沙汰也、若有殊事者、定令後悔歟之由、依仰執達如件、

文和三年三月十日　沙弥觀惠
左衛門尉宗義

謹上　弥勒寺留守豊前入道殿

（三〇）助阿代円阿僧永勝連署下崎庄内三ヶ名年貢米請文案

請申
　弥勒寺領下崎内三ヶ名、今年文和三、百姓分御年貢米以下事、
右彼寺用米拾四石、於當年者、爲百姓分、自寺家留守御方所預申也、於向後者可爲御計也、至當年者爲不作損亡之間、拾四石來月廿五日以前、可致其沙汰候、中間略之、仍請狀如件、
　文和三年壬十月二日
助阿代円阿
僧　永勝

一四二　善法寺置文

豊前國大野井庄

定置　善法寺

可早以弥勒寺領豊前國大野井庄、限永代爲供䉼所、爲天下泰平　公家武家御
祈禱、始自今年正安二、十一月一日、令勤修長日護摩供養法事、

一　每日愛染明王護摩一時、同不斷供養法、

一　每日光明眞言護摩三時、

右割分重代相傳之所領、寄附佛陀、充于長日行法之供䉼、令祈我願者古今之通
規賢愚之所勵也、爰尙清者苟稟累葉之芳塵、列于　宗廟之器用、所祈者一天四
海之靜謐也、寤寐不懈焉、所念者花洛柳營之安全也、朝暮抽誠矣、叶神慮之故、
已遂蠶務之前途畢、叶　皇意之故、所全相傳之　朝恩也、云神德、云　皇恩、可

報可謝者歟、因茲、或以數箇之坊領寄附當山、始置長日之勤行、或建立二宇之律院、令止住僧尼、同寄進坊領之上、重以寺領大野井庄永寄進當寺、以件乃貢相充供料、始自今日限未來際、每日可勤修愛染明王護摩一時・同不斷供養法、此願非他事、偏奉爲　金輪聖主玉躰安穩天下泰平也、且爲願主尙淸息災安穩壽命長遠子息繁昌也、以彼供料之餘剩、每日三時可令勤修光明眞言護摩、其故者二時行法者爲二親得脫也、先師先妣忽感長日密行之勝利、宜現滿月圓明之相好、今一時之護摩者、爲尙淸一身之得益、依此行法之力、必遂西方極樂之往詣、可列上品新成之菩薩、仰願三寶諸如來哀愍我願、伏乞　八幡大菩薩納受此誠、相續門跡之子孫不可成料所之違乱、止住寺院之僧侶不可有行法之退轉、遙期慈尊之出世、可積護摩之薰修、仍定置之狀如件、

（後欠）　○以下一四一號(二)善法寺置文案ニヨリ補フ

〔正安貳年庚子十一月一日〕　□□□□□□□□□□

〔法印大和尙位在判〕　□□□□□□□□

豊前國金國保

一四三　室町幕府引付頭人（上杉重能）奉書施行狀案

宇佐弥勒寺領豊前國金國保雜掌行昌申、領家職事、訴狀（副具書）如此、上野弥次郎押領云々、早任雜掌所帯下知狀沙汰付之、載起請文之詞可被注申之狀、依仰執達如件、

貞和二年十一月八日　伊豆守（上杉重能）在判

太宰小〔少〕貳殿

豊前國金國保

金國保得丸名地頭

豊前國上野地頭

一四四　豊前國金國保雜掌行昌重言上狀案

八幡宇佐弥勒寺領豊前國金國保雜掌行昌謹重言上、

欲早重經□〔急速御沙ヵ〕汰、且依違背篇、且任御新法旨、重被成下嚴密御下知、於年々抑留佛神用物者、如員數被糺返、全寺用致御祈禱精誠、以當保得丸名地頭曾祢弥四郎種勝跡、爲同國上野地頭弥次郎輔世、号闕所稱被充行、背鎮西探

題総州下知并領家地頭和与状等、當名領家方田畠屋敷等就押領、依訴申、任
雑掌所帯下知状、可沙汰付「之」由、去年貞和二、十一月、雖被成下御奉書於守護大宰
小〔少〕貳方、依無遵行實、弥及濫妨狼籍難堪子細事、

副進

三通　鎮西下知并和与状等案正和二年十一月三日、同月廿二日、同三年九月九日、

各先進畢

一通　御下知状案貞和二年十一月八日

右輔世背鎮西下知并和与中分状、令押領當保内得丸名之次第、先度具言上畢、依之任雑掌所帯下知状、可沙汰付之由、去年十一月仰守護大宰小貳、雖被成下御奉書、無遵行實之間、弥致濫妨狼籍、寺用闕乏勤行及違乱之条、冥慮難測之次第也、然者早重經急速之御沙汰、且任御新法之旨、且以違背之篇、被成下嚴重〔密之〕御教書、所押領之田畠屋敷山野等悉被打渡寺家、至年々抑留佛神用物等者、如員數被糺返之、全寺用、至輔世者、被召出其身、被行所當之咎、停止向後寺領之牢

豊前國守護

籠、欲致御祈禱之精誠矣、仍重言上如件、

貞和三年五月　日

一四五　室町幕府引付頭人上杉重能奉書施行狀案

（端裏書）
「重御下知案　金國保内得丸名事　貞和三」

豊前國金國保

豊前國金國保雜掌行昌〔申ヵ〕□、上野弥次郎押領々家職由事、重訴狀如此、先度被仰下之處、不事行云々、不日可沙汰付雜掌、載起請之〔詞可被注〕□□□□申、使節猶緩怠者、可有其科之狀、依仰執達如件、

貞和三年八月十八日　伊豆守（上杉重能）在判

大宰〔少〕小貳殿

一四六　圖師田所連署紛失狀

（端裏書）
「田所新劵城内東頬屋敷事也　圖師者田中北殿御代被改熊犬被補延貞時也」

新立券 紛失狀事

合城内敷地東頰 口貳丈七尺五寸 奥十五丈三尺

右敷地者、自故對馬法橋善基手、息女尼圓妙相傳之地也、仍當知行雖無相違、本證文社頭回錄之時令紛失之間、爲後代龜鏡、所請宮寺圖師田所署判也、可爲向後本劵狀、但本地子者封戸米四升所令弁濟也、仍紛失之狀如件、

貞治六年十月廿七日

宮寺圖師
同 田所
御供所預

圖師左衛門尉源延貞

御供所預田所左衛門尉源長貞（花押）[37]

一四七 尼圓妙屋敷賣劵

賣渡 屋敷壹所

在城内東頰 口貳丈七尺五寸 奥十五丈三尺

四至 限西大道堀 限東際目
限南際目 限北際目

右件の屋敷者、故對馬法橋善基手より、息女尼圓妙譲得ところなり、しかるを
要用あるニよて、充直錢壹貫參百文、筑後法眼御房にうりわたしたてまつるも
のなり、本文書者、去建武動乱之時、社頭の御倉にをさてみな〳〵令紛失候㽞、
仍爲後代、宮寺圖師田所之證判を相副候上者、更々わつらひあるへからす候、
但本役にハ、毎年封戸米四升よりほかにはさたなく候、仍賣劵之狀如件、
貞治六年十一月十九日
尼 圓 妙（花押）(38)
大法師 宗 源（花押）(39)
左衛門尉平秀繼（花押）(40)

一四八 法眼行實屋敷讓狀

讓渡 城内東頬屋敷事
合口參丈八尺五寸者寄北 四至 限西大道 限東堀 限南類地 限北際目
右屋敷者、買得相傳之地、而永代所讓与松王殿也、但參丈八尺五寸内貳丈柒尺

五寸者、買得文書幷圖師田所新劵等相副之、相殘壹丈壹尺者依類地相加文書不副之、早相傳知行不可有相違者也、仍爲後代讓狀如件、
永和元年乙卯六月　日法眼行實（花押）(41)

一四九　鳥羽谷作手給田支證劵文
○モト東大寺文書ナリ、

（端裏書）
「鳥羽田相傳狀　二段半　至德三年五月七日　買主尋盛」

（一）鳥羽谷作手給田賣劵

被沽却　鳥羽谷作手給田事
合貳段キタナカ者　今在家孫太郎男跡也
右依有御用、直錢七貫文ニ、限永代被沽却者也、而彼田者、云御領内、云負所、於公事者更々不可懸之、千万雖爲何樣公事、於懸之者、被歎申本所者、可有御免、次彼田於成于河者、爲本所、以別在所、可被立替之上者、爲錢主、相傳知行更不可有子細、依　仰之狀如件、
至德三年五月三日

負、擦リ消シタル上ニ書ク

奉行上座（花押）（42-1）

（隆賢）
（裏花押）（43）……（同上）（裏花押）……（同上）（裏花押）……（紙継目）

（二）鳥羽田孫太郎跡斗代注文

鳥羽田孫太郎之跡貳段キタナカ之事

貳段分　　米六斗二升　若狭作　池ノ内

キタナカ分　米貳斗　乗音小法師作　池ノ内

長器

以上八斗貳升也、器物者以長器六合延也、

至徳三年五月三日

奉行（花押）（42-2）

一五〇　彌勒寺執當定慶書狀

西加礼河上村

溝部城

度々令申候、西加礼河上村濫妨事、御在國候之間、被及聞食候之上者、定御注進候覽と存候へとも、今度便宜ニも、委細御注進候者、恐悦存候、彼村者溝部城の近隣にて候〔之〕□間、自去春比連日差遣嶋津氏久幷□山能性使者、於土民住宅、押取妻子牛馬資財雑物等、放火ロ以下種々致濫妨狼籍候之間、百姓等盡令逃出候て、令荒廢候之上者、御年貢以下一向無足、侘傺無申計候、彼狼籍不令靜謐候て者、當村以下御年貢等不可有之候哉、如此子細等、企參入可令申候之處、今年造花經營比々之儀ニ以愚狀令申候之条、其憚不少候、恐々謹言、

十一月十六日　　弥勒寺執當定慶（花押）(44)

謹上　西加礼河預所殿

一五一　沙彌永選・智得連署大野井庄半分請文

豊前國大野井庄

豊前國京都郡大野井庄渡殘半分之間事、任契約狀之旨、自當年辛卯每年拾伍貫文無未進懈怠可致沙汰候、仍請文之狀如件、

應永十八年三月十五日　（安富左衛門大夫入道）沙弥永選（花押）(45)

（内藤肥後入道・盛貞）沙弥智得（花押）(46)

善法寺知事上人

一五二　公文慶賢大交野南庄公文給田賣券

河内國大交野南庄

沽却　大交野南庄新宮公文給之所當米事

合壹斛伍升者

右件給米者、慶賢拜領公文給田新宮免陸段内、參段分米者御寺地藏講方沽却畢、參段分米壹斛伍升者、無旱水損引募令收納之、而依有直要用、充現米伍斛、限永代所奉賣渡于八幡善法寺第十御住持之御弟子良順御房・等悟御房・照律御房之實也、於向後、捧無名所職之讓以下僞狀等、違乱之輩出來者、可被處罪科者也、於當職上務者、任譜代旨、帶公方御補任狀、奉神用奉行之事、慶賢一圓領掌庄家明白也、仍爲後代龜鏡、給分米沽却之狀如件、

應永二十年癸巳十二月廿五日　　奉行公文慶賢（花押）(17)

一五三　大内持世書狀

豊前國大野井庄

祈禱御卷數送給候、祝着之至候、猶々渇仰無他事候、就其大野井庄事、委細𢌞貞申候哉、不可有如在之儀候、恐々謹言、

「永享六七月廿六日到來」

卯月廿五日　　(大内)持世(花押)(48)

善法寺僧衆御中

一五四　杉宗國書狀

豊前國大野井庄
同池尻庄
同金國保

去十一日御札到來、拜見仕候了、

抑當宮御本地供御卷數送給候、目出候、頂戴信仰異于他候、猶々御意之通畏入候、兼亦大野井庄幷池尻・金國去年分正税事示給候、以船便先積出候、京着候者、定自易阿弥方可申入候、不可有無沙汰之儀候、此之由可得御意候、恐惶謹言、

「寶德三、同九月九日到來」

卯月廿九日　　(杉)宗國(花押)(49)

善法寺

侍者上人

(切封)

一五五　豊前国守護大内氏政弘年寄連署奉書（折紙）

八幡善法寺律院領豊前國大野井庄幷池尻・金國正税事、可被致其沙汰之由、所
被仰下也、仍執達如件、

應仁貳
十一月十七日　　重勝（花押）(50)
（内藤駿河入道）
道圓（花押）(51)

杉七郎殿

一五六　善法寺領九州五ヶ所正税所納日記

（端裏書）
「正税所納日記　案文　高衆」

九州御領五ヶ所正税進納注文

九十八貫百文者　豊前國　池尻　金國　大野井　三ヶ所正税
屋形請分也

百九貫文者　豊前國　苅田　一ヶ所 正税　九貫文者運賃也

杉七郎請分也

十五貫文者　周防國　新野河内　一ヶ所 正税　此内千疋方ニ 長大刀一枝在之

安富彈正請分也

合貳百貳拾貳貫百文　當納也

下行注文

十八貫文　月別一貫五百文充　自去年九月至當八月 十二ヶ月分

四貫八百文　月別不足　依今度日別無沙駄（ママ）等、在此失遂（ママ）、

五貫文　正月礼　依屋形母儀逝去、四月五日迄延引、別失遂（ママ）在之、勘略分如此

壹貫文　豊前國下向雇人方　与次郎方

七百文　同不足　雇人左近

壹貫文　安富源兵方　例

四貫五百文　上粮物

五百十三文　正税奉行　杉木工助方(弘依)
五百文　段銭奉行　豊前國京都郡
両度
三百文　豊前國大橋　四十石　倉敷
八十文　河口　石別二文充
合卅六貫三百九十三文
就苅田入目
壹貫文　御局　折紙
六貫八百四十七文　就安堵　両屋形　女中　杉七郎方
樽入目
日記在之
五百十文　七月六日　就安堵左右　源兵方樽
二百文　同奏者　板屋方遣之
壹貫百五十文　正月十一日　局　源　樽　日記在之
三百文　森方　就女中催促
百文　源奏　腕摩遣之

就苅田催促　局樽　六月□（擦消）

百　十
五百七百五文
二百廿文　就苅田入眼　森方へ樽

嚴島神樂

六百文　嚴嶋神樂　御意如何
百五十文　四月五日　源兵方へ樽
三百六十五文　八月十四日　源兵　暇乞　樽

合拾貳貫廿五文

臨時下行

壹貫文　妙喜寺殿訪　正月廿九日
壹貫文　杉孫衛門　就女中奏者折紙
三百八十五文　十月八日就奏者苦勞領掌　樽遣之
三百廿三文　同方　歳末
二百文　同方　奏者朊摩遣之
二百文　弁城方　杉木工助（弘依）奏者遣之

六百十四文　　　　正月十七日　木工助　源正方　樽
壹貫三百五十文　　四ヶ月間　八貫五百文　利平　六文子
五十　借用
九百文　　　　　　自豊前國山口迄二十石運賃
二百文　　　　　　兵庫永観千疋運賃
合六貫廿七文
已上五十四貫四百五十文
殘百六十七貫六百五十文
廿七貫九百五十文　　二百文　自兵庫替分　永観千疋運賃
合廿八貫百五十文
殘京著分　百卅九貫五百文
十三貫九百五十文　分一引之　此内長大力〔刀ヵ〕在之
定寺納分
百廿五貫五百五十文也

右爲明應甲寅分、明應乙卯秋所收納如件、

高秉（花押）(52)

一五七　善法寺領西國三ヶ所正稅進納注文案

西國納進記

九十三貫文　明應乙卯屋形請分三ヶ所正稅也

三貫五百文　同乙卯彈正請分五石代也

合九十六貫文(衍カ)五百文

壹貫二百文　染皮二枚代

二百七十文　杉原代

貳貫文　下國時爲無利被借下處也

合三貫四百廿文

惣合九十九貫九百廿文

下行

壹貫三百文　下路銭不足也

貳拾（三貫五百文　月別壹貫五百文充定乙卯（明應四）自十一月丁巳（明應六）正月迄
　　（貳貫四百文タルヘシ

拾三貫六百文　月別不足

八貫五百六十文　十四月八日分

拾六貫七百四十六文　利平　八貫二百文月別借利平

十三貫百五十三文

○三貫四百文　豊前催促雇人下行以下苅田失遂（ママ）也

○七貫五百文　屋形女中正月礼　兩年分

○貳貫文　兩奉行礼入目　兩度分

○貳貫四百文　新宰相局樽三度〔×分〕入目

○三百文　森孫次郎就女中内縁追従

○貳百八十五文　木具兩年分

○一貫貳百文　源兵衛樽兩度遣之

○八貫以下右行ニツク

○十三貫以下右行ニツク

九百文　　　五郎四郎恩錢　乙卯分
一貫五百文　同恩　丙辰年分也
七百文　　　杉原二束　杉木工助（弘依）犬法師方遣之
五百廿三文　連々新紙
一貫八百文　十月出府入目奉行所登礼已下
二百文　　　杉孫右衛門奏者
四百文　年始　歳暮　杉木工助奏者
四百文　　　源兵衛奏者
三百八十五文　方々奏者到來酒肴入目
壹貫四百四十文　豊前國下國路錢
六百五十文　同豊下國二月六月使下之
三百文　　　局奏者ヲトワ
壹貫八百五十文　同下向路錢正月礼　伺正税事十日計逗留

五百廿文　木工助奏者樽
六百十二文　源兵衛留守へ樽
四貫五百文　上路銭
（以下紙背）
三貫五百文　同不足
七貫五百文　此内唐櫃二荷 舟賃六百文

紙背
慈雄書状

昨夕者令參机候、御法事前不可有御隙候之處、長々對談申候て、無御心元候、雖然檻前之淸香被催興候て忘歸路候、寔今春之思出此事候、叡山衆今日者逗留候、少御下山も候て、可有御語候、返々御芳志難申述候、恐々謹言、

二月廿三日　慈雄（花押）(53)

（切封）

新勝院殿閣下　慈雄

八幡善法寺文書　第三

一五八　畠山政長禁制案

（端裏書）
「畠山左衛門督殿制札案文」

禁制　石清水八幡宮日御供米領河内國交野郡星田郷

一　當手軍勢陣取事
一　伐取竹木事
一　濫妨狼藉事

右条々堅令制禁訖、若有違犯之輩者、可處嚴科者也、仍下知如件、

文明十四年三月　日　（畠山政長）(54)（花押寫）「判形如此」

河内國交野郡星田郷

一五九　將軍足利義植御判御教書案

（端裏書）
「惠林院殿樣御判案文」
凶徒對治祈禱事、近日殊可致精誠之狀如件、
明應貳年三月十七日　御判
惠林院殿樣
石淸水八幡宮律院善法寺

一六〇　善法寺興淸書狀案

先御代明應八年八月之初、於當宮下院、御殿內之非人之類候歟、一人死去候、經數日候て後、人共存知候て令撤候、無其隱事候、然間於此一字者、必定可有御造替候間、今之院者不可用立〔×立〕候、隨而此方氏寺律院事外破壞候、世之儀候之間、下院之旧材木申請候て、佛殿以下之修造加度候由申候、被中御沙汰候由所仰候、
十二月廿　興（興淸）

紙背
慈雄書狀案

御祈禱之卷數進上候、丹誠之旨、可然樣可預御披露候、兼亦　當宮下院之事、

依穢候、可被捨候哉、然者申請候て、當寺修造加度候、巨細善法寺之法眼可言上候、恐々謹言、

慈〻（慈雄）

一六一 室町幕府奉行人連署奉書

河内國交野鄕

石淸水八幡宮日御供米神人等申、河内國交野鄕内星田事、爲嚴重料所之處、被及違乱之趣就歎申、去年被成御下知、于今無相違者也、爰近日可被發向彼在所之段、被相觸國中云々、事實者太不可然、且叵測神慮者歟、所詮、彼神人等既及閇籠之上者、早任奉書之旨、向後被停止其綺、可被專神用之由、所被仰下也、仍執達如件、

文龜貳年四月十三日

（飯尾淸房）加賀前司（花押）(55)

（飯尾元行）大 和 守（花押）(56)

遊佐河内守殿

一六二　細川政元徳政制札案

（端裏書）
「御法徳政
細川殿御高札案、　正文ハ郷中ニ打之」

徳政法

徳政法之事

一為　上意幷屋形之儀、天下一同之徳政也、
一絹布類十二ヶ月、免置月、
一金物廿ヶ月、
一武具廿四ヶ月、

一文子二文子

一一文子二文子迄行上者、質物借錢借米等、不可有別沙汰者也、
右此條々、有違背輩者、發向在所、一段可處罪科者也、仍所定如件、
永正元年九月卅日　　在原朝臣長治在判

一六三　室町幕府奉行人連署奉書案（折紙）

徳政

土一揆

（折紙端裏書）
「御法徳政
公方御下知案　　正文ハ社務ニ在之、」

就今度徳政之儀、所々郷民等、号土一揆、社邊境内以下及物忩云々、言語道断次第也、所詮、於質物者、守高札之旨、至諸借物者、云銭主、云借主、企参洛、任壁書可給御下知、此上猶背制法、有緩怠之族者、可處嚴科之上者、存知其段、可相觸四ケ郷幷諸神領之由、所被仰出之状如件、

十月二日　（飯尾）行房在判
（伊勢）貞陸在判

石清水八幡宮
惣社諸神人中

一六四　室町幕府奉行人連署徳政制札案

（端裏書）
「御法徳政
公方御高札案文　　正文ハ社務ニ在之、」

徳政法

定　　徳政法

石清水八幡宮山上山下境内幷諸神領等

土倉

一　土倉以下於質物者、以穏便之儀、白晝可取之事

一　至諸借物本物已下者、云錢主、云借主、企參洛可經沙汰事

右條々、被定置之上者、若有背規矩之輩者、可處嚴科之由、所被仰下也、仍下知如件、

永正元年十月二日

（飯尾行房カ）
散位三善朝臣在判

（伊勢貞陸）
備中守平朝臣在判

一六五　室町幕府奉行人連署徳政制札案

（端裏書）
「公方御高札案文　正文ハ社務ニ在之」

徳政法

定　　徳政法

土

倉

石清水八幡宮山上山下境内幷諸神領等

一　土倉以下於質物者、以穏便之儀白晝可取之事

一　至諸借物本物已下者、云錢主、云借主、企參洛可經沙汰事

右條々、被定置之上者、若有背規矩之輩者、可處嚴科之由、所被仰下也、仍下知如件、

永正元年十月二日

(飯尾行房カ)
散位三善朝臣判

(伊勢貞陸)
備中守平朝臣

一六六　弘中越後守武長書狀

重疊御祈禱、被抽精誠候之通、蒙仰候、則令披露候、御懇之趣、得貴意可申入之由候、近日快氣候、必自是可被申入候、次陶尾張守(興房)所への尊書遣候、定御報可申入候、此之由可得御意候、恐惶謹言、

「永正十二」
十一月十二日　　武長（花押）(57)
善法寺律寺雑掌
御房

（紙継目）

(異筆)
「寄進状二通
御奉書四通」
（切封）　弘中越後守
善法律寺雑掌御房　　武長

一六七　尼妙金私領田地賣券

永代賣渡申　田地事
合參段者
在所者、三条坊門朱雀東、みそのはた縄手より南
路のはた也、此内東坊城南中程に、貳せまち在之、
年貢米六石、此内壹石者丸山宗法寄進分、參石者興臨院
買得分、貳石者澤村宗關買得分也、

紫野興臨院

右件田地者、雖爲買得相傳私領、依有要用、直錢拾六貫文仁、紫野興臨院江相副本支證、永代賣渡申所實正明白也、万一於此田地、違亂煩申輩在之者、爲賣主幷請人、可致其明者也、仍爲後證賣劵狀如件、

天文九年庚子十二月十三日　丸山太郎右衛門尼後
妙金（花押）(58)
請人
祐玉（花押）(59)
丸山源六
長正（花押）(60)
丸山大五郎
宗次（花押）(61)

一六八　武勝書狀

豊前國大野井庄

就大野井庄已下三ヶ所正税事、預御札候、拜見仕候、仍彼御社用事、預候者、已後同前雖被申付候、依世上忩劇、料物從役人惣別無勘渡候間、不能運送候、一向私相似無沙汰候、心外之至候、及靜謐候者、堅田舍江申下、可致奔走候、此之趣可得御意候、恐惶謹言、

三月十三日　　　　　　　　武勝（花押）(62)

八幡善法寺
　御　報
（切封）

一六九　善法寺掌清書状

（端裏書）
「弘治三」

就日供米之儀、両座憤深候之間、以御分別可有下行候、萬一及後々年、可様之訴訟之時者、涯分山上へ可令異見候、恐々謹言、

十二月廿七日　　　　掌清（花押）(63)

善法律寺

一七〇　内藤盛貞奉書

池尻金國事、本主等申子細候、八幡へ御寄附狀幷先年直務支證等候者、社家へ
所望候て、案文被封裹、早々可有御下候、此之由申せとて候、恐々謹言、
八月三日　　盛貞（花押）（内藤美濃守）(64)
安富掃部助殿（房行）
清阿弥陀佛

豊前國池尻庄
同金國保

一七一　池内長延書狀

誠先日者以面申承候、本望此事候、仍已前示預候間之事、可有如何之通尋承候、
委細得其心候、如申運送之次第、就國役國中之儀、杉七郎殿御存知事候条、雖被
成御尋候、至今日無菟角之儀候、尤從正長節々急可被申候處、從今日至氷上山（興隆寺）
依　御參籠別儀、被取亂于今延引、如在罷成候、必御返事段尋申、以其上致披露、
上意之趣重候ハ可被申入候、此条御分別候て、可預御披露候、賴存候、恐々謹言、
二月七日　　長延（花押）(65)

氷上山

（切封）　池内又三郎

□江与□〔七カ〕殿　　長延

御返報

一七二　安富正員書状

安富彦三郎

（包紙ウハ書）
「進上　目代殿　尊報　正員」

（紙背）
（切封）

就御寺役、御在廰之儀、依貴札令存知候、尤目出候、仍御卷数幷兩種被遣候之通、
令披露候、祝着之由、以狀被申候、猶得其心、能々可申入之由候、次私へ析紙二
束、油煙五迋（ママ）拜領仕候、忝候、御在國中自然相應御用等、可蒙仰候、事々期後喜
存候、恐惶謹言、

二月十一日　　正員（花押）（66-1）

進上　目代殿
　　尊報

一七三　内海忠久・河田家満連署書状

河田丹後守
内海喜三郎

（端裏充書）
「（捻封）
謹上　藤木大蔵卿殿
　　御宿所
　　　　　　家満」

成淸庵ゟ被仰間之事、彼賣劵當所對兩人取申候、則其方へ進候、可被成其心得候、何も以參可申入候、恐々謹言、
三月十二日
　　　　　内海喜三郎
　　　　　　　忠久（花押）(67)
　　　　　河田丹後守
　　　　　　　家滿（花押）(68)

一七四　大館常興書状（切紙）

（端裏）「（切封）　　」

毎事富森可申候、

芳札先以承悦至候、仍當宮閉籠之儀、就被成御下知候、遊佐（長教）・木澤（長政）兩方御請之段注進候、然間先閉籠無事ニ退出旨、御調尤珍重候、其趣委曲、從社家奉行可被申候、旁猶以後信可令申候、恐々謹言、

十月廿五日　　常興（大館）（花押）(69)

巣林庵

御返報

一七五　杉弘依書状

（端裏）
「（切封）　　」

御院家正税事、於身非無沙汰候、次第御使節御存知之事候之間、不及申候、仍五明二本拜領畏入候、何樣自是御礼可申入候之条、先以省略候、恐々謹言、

十月五日　　（杉）弘依（花押）(70)

善法寺律院
　　御返報

一七六　繁久書状（切紙）

（端裏）
「（切封）　　」

尊札幷御卷數則致披露候、上下一段快然之旨無他候、唯今以書札被申候、尤珍重存候、於御祈念者、偏被憑存之由候、爰許一途之儀候者、自是御礼可被仰越候、此之由可得御意候、恐惶謹言、

五月廿七日　　繁久（花押）(71)

善法寺律院
　侍者御中

一七七　遊佐長教書状　（切紙）

（端裏）
「　（切封）　」

就交野星田茄子作之儀、先日預御状候、委細御返事申候、殊被對木左（木澤長政）、御書中之趣令披見候、御懇承候、本望候、任御意見御請申候、神慮更無疎略候、然者閉籠退散之儀、可然之樣御取成、可爲祝着候、猶重而可申述候、恐々謹言、

十月廿二日　　長教（花押）(72-1)

巢林庵
　床下

一七八　弘員書状　（切紙）

河内國交野

（端裏）
「（切封）」

當院御領大野井・池尻・金國正税明應六年分事、岩國永興寺先住拘西堂、以本家之約諾旨受用之由候、雖然、以近江房是玉任蒙仰之儀、對拘西堂粤催促候、種々雖難澁子細候、多分此御使近江房ニ勘渡候、猶多未進、貳十壹貫余事、以外被申付候、折節拘西堂御遷紀〔化カ〕候、然者、近江房少逗留無所謂之条、歸洛候、仍屋形返書幷今小路殿御返札長箱壹、新宰相局より箱壹、以上貳此御使渡進之候、近年分國依弓矢之儀、方々御正税無沙汰候、委細御使存知事候、尚々拘西堂受用分貳十余儀、彼西堂御弟子御座事候間、於京都可遂催促之由、御使被申候、尤肝要候也、随而私五明壹本拜領仕候、過分至極候、事々奉期後日候、恐惶謹言、

十一月廿五日　　弘員（花押）[78]

「明應八」
律院
侍者御房
尊答

豊前國大野井庄
同　池尻庄
同　金國保
永興寺

一七九　遊佐長教書狀（切紙）

（端裏）
「（切封）　」

就星田茄子作之儀、先度被成御下知候、當年之儀者、御供米、同加地子、本役八幡へ可致社納之由申付候、至在所儀者、相尋替地、可返付候、以此旨、閉籠退散之儀、被仰付候之樣、御披露肝要候、恐々謹言、

十月廿二日　（遊佐）長教（花押）（72-2）

（元行）飯尾大和守殿
御宿所

一八〇　弘中正長書狀（切紙）

（端裏）
「（切封）　」

去六月廿八尊札到來、委細令拜見候、抑御上洛以來、尤雖可申入候、無差題目之条、乍存候之處、御懇示預候、如仰御在國時者、國衙之儀付而、切々蒙仰申入候

喜、過半御存分ニ申調候、於身茂本望此事候、不思召忘御芳情、難申盡候、去年中就所用、石見國ニ滞留故、國衙之奏者上表仕候、就中當宮御析所正税所々、于今不相調候歟、今度依示預、令存知候、近來事候、此度堅固ニ可致申沙汰覺悟候之處、定被及聞召候哉、至豊筑兩國、少貳大友可出張之由候間、各差下候、屋形茂近日可罷立催之条、此度之儀不申究候、必靜謐候者、涯分可申調候、不可存如在候、委細猶直ニ被申之条、不能巨細候、次拙者江鶴雉三對拜領、畏入存候、出陣取亂故、先以令省略候、恐惶謹言、

十月十一日　（弘中）正長（花押）(74-1)

善法律寺
尊報

一八一　赤佐秀久書狀

又其後久西御房へ狀存候由、

にても不申入候、御床しく申入度存候、

御注進之趣、昨日ねん比に致披露候、仍御寺の爲御可然御事候者、被仰付候へく候、何時にても候へ、彼下地御用の子細候者、如御□候へく候、さやうに候ハヽ、此下地御寺へあつ〔け脱カ〕被申候由、自私も心得候て、可申旨候、兼又ちやゑん一本にても候へ、ほりのけ候ハぬやうに、被仰付候へく候、事々重而可申承候、恐々謹言、

七月廿二日　　秀久（花押）(75-1)

（禮紙ウハ書）
「（切封）　赤佐左京亮
知事　御返報　　秀久」

一八二　安富正員書状

（包紙ウハ書）
「　　安富彦三郎
善法律寺　尊答　　正員」

（端裏）
「　　（切封）　　」
當御寺領所々正税事、蒙仰之通、令披露候、此四五ケ年各在陳〔陣〕仕候之条、每事不
任意之儀且者過賢察候、何様開陣之時被相尋候而、可被申候、此等之趣宜得御
意候、恐惶謹言、
二月十一日　　正員（花押）（66-2）
善法律寺　　尊答

一八三　龜童丸大内義興書状

（包紙ウハ書）
「善法寺
　侍者上人　　龜童丸（大内義興）」
誠青陽御慶珍重事旧候了、
抑祈禱卷數給候、恐悦候、猶々祝着之至候、恐々謹言、

三月三日　　龜童丸

善法寺
　侍者上人

一八四　杉重信書狀

誠御在國中、無音被過候之處、御懇札殊於石淸水八幡宮御寶前御祈禱之卷數幷壹束一柄送給候、拜領畏入候、就中御寺領正稅事、具示預候、得其心候、相當之儀不可存疎意候、猶御使者令申候、恐々謹言、

二月十九日　　（杉）重信（花押）(76)

善法律寺
　貴報

一八五　弘中正長書狀

（包紙ウハ書）
「
　弘中兵部丞

善法律寺　侍者輪師　正長」
尊答

爲年頭之儀、御卷數幷圓鏡三面被贈進候儀、委細直書ニ被申候、次私へ二面拜領、則致頂戴候、隨而舊冬蒙仰候正税之事、相尋候寂中候条重而從是可申入候、不可有如在候、恐惶謹言、

二月十八日　正長（花押）(74-2)

善法律寺
侍者輪師
尊答

一八六　木澤長政書狀

○原本禮紙ヲ先ニ置クモ、今舊ニ復ス、

就八幡日御供米之儀、預御札候、卽其通態差越使者申付候間、不可有別儀候、此旨可然樣、彼方へ可預御意得候、於拙者聊不存疎意候、折節取乱候条、旁期面謁候、恐々謹言、

十一月廿八日　　　長政（花押）（77-1）

飯尾次郎左衛門尉殿

御返報

（禮紙）
「（切封）　　　木澤左京亮

飯尾次郎左衛門尉殿　　　長政

御返報」

一八七　木澤長政書狀

（捻封ウハ書）
「　　　　　　左

（捻封）　江兵　　長政」

星田御供米未進之儀、神慮之儀候間、急度被仰付候て可然候、無沙汰之義者無
勿躰候、旁以參上、得〔×候へく候〕御意へく候、恐々謹言、

十二月十四日　　長政（花押）（77-2）

一八八　松村安久田地寄進狀

奉寄進大德寺之内正受院田地事
　合壹段者　在所者、西者京極也、東者しゆしやかとをり間、北者かまて二条とをり也、
右田地者、雖爲買得相傳之私領、當知行於于今無相違者也、然而爲宗林禪門・妙圓禪尼靈供田、永正受院江奉寄進者也、更不可有他妨者也、仍爲後日寄進狀如件、
　天正拾貳年甲申拾月三日　松村助四郎安久（花押）(78)
大德寺正受院

一八九　盛喜院眞珪願文

（端裏書）「醫王祈誓文」
抑今度依佛天之計會、來此醫方明之智人、時々我聞意、道之名言於虛空法界一圓明之中、五相五味出生之本方、卽是衆生能生所生根本道理、實是眞

言一个深秘五明隨一醫方明也、會醫王如來淨土瑠璃爲地金繩界道城闕宮閣軒窓羅網皆七寶成之、所説悉能受持碣、剩日月二菩薩ロ幷十二夜叉大將、又八万四千夜叉眷屬、東西南北ロ之大門、或七口中門通路二門、八万四千小門、小夜叉神等番々守護神、悉達知之給、是卽醫王如來變身、爲濁世衆生抜業療治之化來今世歟、憑哉、善哉、我等又於當來世者、自他互相生、不求富貴、不戀榮花人、濟度利物得益旡疑者也、穴賢々々深秘々々、大哭々々、

追啓

雖爲家貧道、求此意方道、則有大悲志、許此方藥給、甚哉、忝哉、世々生々難盡方命、雖然貧賤淺間敷哉、難ケ敷哉、報財輕微七種余、所奉進献之也、大難々々、恐々謹言、

五

慶長三年極月日　　盛喜院

眞珪（花押）(79)

醫王之定安得業

玉床中人々

八幡善法寺文書　第五

一九〇　善法寺本尊道具目録

（原表紙外題）
「善法寺本尊道具目録」

善法寺本尊道具目録　長老坊在之分

水丁具

天蓋皆具　　四攝幡

高座　　登階

前机三脚　　前垂
「滿字火舍圓意大德御寄進」

椋手水　　布壁代一帖

十二天屛風　　山水屛風

草座二　　幡廿四流

誦經散花机二脚　　　　　裝束花莒〔筥〕十
同覆一　帶貳筋　　　　　同地敷一
鐃鈢一具　　　　　　　　如意
戒躰箱一　　　　　　　　香呂箱
居箱一　　　　　　　　　三衣袋
兩界曼荼羅四補〔鋪〕大小　　八祖師各補
尊師一補　　　　　　　　大菩薩御影一補
行敎和尚御影一補　　　　益信御影一補
＼兩界曼荼羅一補　興正井御筆＼惠果・弘法・＼尊師各補
敷曼荼羅　金胎
滅金四面佛具　　五瓶　鈴　三杵　金剛盤
　　　　　　　　灑水塗香器等悉皆在之
磬一　滅金　　　金撅四本
木撅四本　　　　輪羊广〔羯磨〕同皿　片壇分在之

五色糸二筋　　布水引二
覆面二　　蓋覆四
同骨二分　　龍頭二
花臺二　　平箱一合 収物悉在之
後門垂布一 葛　　「香象一　圓意大徳御寄進」
「燈臺二本」
已上

大本尊分

大〔日〕□一補　　五大尊各補 但不動失了
又大威徳四補 「三」「今二補」　　愛染二補 \「一」、「失了」
藥師二補 \「一」、「金岡筆 前住代給人了」　　金輪二補 〻〻〻
千手一補「金岡筆」　　地藏一補「詫广筆」
觀音一補「同筆」　　勢至一補「同筆」
焔广天一補　　月曜一補 〻〻〻

已上

十六羅漢各補 漢典主筆也　南山大智兩祖二補 聖明大德御寄進

摺羅漢各補　十六善神一補

弘法大師一補　涅槃像一補

三千佛「二補」　＼不動一補「失了」

法華曼荼羅一補　地藏一補

弥勒一補「（擦消）失了」　當社曼荼羅

舍利 花臺在之　二尊佛

詫〔誕カ〕生佛　鈷銅大花瓶一對

金色燭臺一對　＼金色佛具一面「失了」

＼理趣經一卷 水精軸「巧壞了」　黒漆壇一面

護广壇一面　「理趣經十卷 折（マヽ）品新調」

「釋迦三尊同十羅刹繪像一補大、竹翁軒寄進」

布薩具

滅金水瓶貳　同金鉢參

法被二　大打敷四「一ハ破損了」

小打敷〔×六〕「五」　机水引二

靜卷一　同覆一

手巾貳　麈尾誡策

籌箱一　籌在之　梵網經一卷

已上

\天目五「一向失了」「朱漆臺在之 此内貳庫院在之」　盆一「在之」

文明五年六月廿八日記之

慈雄

八幡古文書

一九一　松田甚蔵入道玄朝山寄進狀

寄進申山之事

合壹所者　八幡山東原也

右之山者、雖爲先祖相傳之私領、本文書相添、八幡山意慶房江寄進申所實正明白也、爲其狀如件、

文祿貳癸巳年二月二日　松田甚蔵入道　玄朝(花押)(80-1)

八幡山意慶御房まいる

一九二　松田甚蔵入道玄朝山賣劵

賣渡申八幡山東原山之事

合壹所者
四至限　東際目　南七マガリ
　　　　西大坂　北仕丁坂
右件山者、雖爲先祖相傳之知行、依有今要用、銀子拾枚ニ、八幡山意慶房江本文書相添、永代賣渡申所實正明白也、萬一違乱之輩有之者、賣主罷出可申明者也、仍賣劵狀如件、
文祿貮癸巳年二月二日　松田甚藏入道　玄朝（花押）（80-2）
八幡山
　意慶房まいる

一九三　石清水八幡宮社僧中言上狀

河内國星田庄

八幡宮社僧中謹言上
當社内殿日御くうれう所河州ほし田のしやう、せんく〳〵ちきむたりといへとも、百廿石ニうけきりしやなうの處ニ、安見新□□〔郎カ〕きんねんそのうちをけんし、あまつさへ去年一えんニしやなう申さす候之間、すてにまい日の御くうこんき

やうたいてん〻およふ處に、やくしやとして今まてハ御くうをそなへ申候、しかれともつゝきかたく候、　天下泰平　御代候之間、先々のことくしやなう可仕之旨、被仰付候やうに、上聞〻たつせられ候者、かたしけなく存たてまつるへく候、仍言上如件、

天正四年六月　日

嶋　津　殿
大名小名衆

一九四　栗本房春乘筑紫諸檀那職賣劵

賣渡申候筑紫諸檀那之事

右、雖爲嶋津殿其外国之大名小名衆、八幡山栗本坊之檀那、依有今用要、金子伍兩〻、泉坊宥純江永代賣渡申處實正明白也、若從何方支證證文出來候共、可爲反故候、自然於後日違乱之輩有之者、可被處盜人罪科者也、此上有他妨者、賣主罷出可申明候、仍新劵文狀如件、

天正十二甲申年三月十五日　栗本坊 春乘（花押）(81)

一九五　薗小谷家秀畠地賣劵

永代賣渡申畠之事
合半者　字おころす
四至限　東道　南類地
西道　北類地
右件下地者、雖爲薗小谷与右衛門尉相傳之私領、今依有要用、直錢六貫文ニ、俊長房へ作職共ニ一圓ニ、永代賣渡申所實正明白也、萬可有御進退候、本文書者引失候条、不相副候、若違乱之輩出來候者、盜人之可被處罪科者也、猶賣主於子々孫々可申明候、万雜公事無之候、仍爲後日賣劵狀如件、
元龜三申年十二月廿六日　薗小谷与右衛門尉
家秀（花押）(82)

一九六　片岡元俊屋敷賣劵

（花押）(83)

賣渡中屋敷事

合一所者　北南西東サイメヲカキル

右件御屋敷者、雖爲御坊跡、依有御用、直錢三貫文ニ被賣渡處實正明白也、此御屋敷違乱輩於在之者、可被處盗人罪科者也、仍狀如件、

天文十九年五月廿六日　片岡与八郎　元俊（花押）(84)

（異筆）「片岡」　片岡左京進殿

一九七　落合勝經屋敷賣劵

永代賣渡中屋敷半分之事

合壹所者　在所科手ニ有之　四至堺者本文書見タリ

右件屋敷者、等賢首座買德相傳之私領也、然共依有用要、直錢貳拾參貫文ニ、片岡左京進方ヘ半分、永代賣渡申處實正明白也、本文書三通有之、内貳通者ウラヲワリ、等繼喝食方ニ有之、殘壹通是モウラヲワリ、新劵文ニ相副渡進候、萬一

於此下地、違乱煩輩有出來者、可被所盗人罪科者也、仍爲後日賣券狀如件、
天文貳拾一年九月廿七日
落合八郎左衛門尉
勝經（花押）(85)

一九八　山路道久後家畠地賣券

賣渡申畠之事、
合壹所者　字石之塔南
四至　東際目　南中寺藪
西際目　北石塔
右件畠者、今藏野口殿ヨリ、山路之道久買得相傳之私領也、然ヲ後家分ニ讓得所也、今依有要用、直錢五貫〔五〕□百文ニ、限永代、本文書三通相副、大工彦次郎方江賣渡申所實正明白也、万雜公事無之、万一違乱之輩出來之時者、爲賣主、其明可申候、仍賣劵狀如件、
大永三年癸未八月　日
賣主
山路道久後家（略押）

一九九　八幡報恩寺雜掌教重申狀

河内國中振郷

（端裏書）
「兩名申狀　遊佐次郎左衛門尉方へ永正五卯月日」

八幡宮領河内國中振郷事者、往古よりの神領、報恩寺奉行地也、然而其内兩名包弘行近之事者、請口七貫文當寺先師尊憲法印より同宿照尊律師ェかつ分の地也、後ニ号萱坊、重之請文在之、其弟子實尊と申人躰者、當宮御殿司にて□□□候、雖然、衆分をすて悉皆在國有て陣をはられ候、不可然候哉、仍千楠殿彼實尊より此兩名をゆつりゑらるゝと号して、在所代官南私宅へ火を付られ、内殿懃行料所御違乱無勿躰次第候歟〔×哉〕、殊實尊者、上総殿方の人也、自彼方より當□〔御カ〕方へ御相續、不及覺悟次第候、■所詮、御違乱をやめられ候者、弥天下泰平、御分國靜謐の御祈禱の精誠をいたし可申候、仍狀如件、

永正五年卯月　日　　報恩寺雜掌
　　　　　　　　　　　教重

紙背
包紙

（包紙ウハ書）
「報恩寺

小倉彈正忠殿　　空孝
」

二〇〇　光津屋敷賣券

賣渡申屋敷之事
（裏書アリ）
合壹所者　　科手鄕内ニ在之、
　　　　　　善源院知行之内三分一西也
四至　限東類地　限西際目
　　　限南大道　北限外堀　万雜公事無之
右件之屋敷者、雖爲橋本之光津侍者相傳之私領、依有要用、直錢陸貫文仁等賢書記江、限永代賣渡申處實正明白也、本文書者爲一紙之間、不相副者也、此證文善源院ニ在之、ウラヲワリ皁、萬一於此下地違乱之輩有出來者、可被所盗人之罪科者也、仍爲後日新劵文狀如件、
　明應九庚申年六月廿六日　　賣主
　　　　　　　　　　　　　　光津（花押）(86)
　　　　　　　　　　　　請人
　　　　　　　　　　　　　　高吉（花押）(87)

（裏書）
「此屋敷半分等繼喝食知行也
落合八郎左衛門尉
勝經（花押）」

二〇一　孫三郎田畠賣券

うりわたし申田畠之事
合壹段者　在所道の末、北ハ限大道ヲ三段目
右件之下地者、孫三郎雖爲私領、依ようく〱あるに、直錢六貫文永代をかきりて、ひこ二郎殿へうりわたし申處實正也、字ハ新券文にあり、万一於此下地、違乱之ともから有出來者、盗人之罪科にをこなわるへきもの也、うりけんの狀如件、
明應二二年卯《キノトノ》　十二月十日　孫三郎（花押）(88)

二〇二　覺乘田畠賣劵

沽脚(ママ)　田畠之事

合壹段者　在所　本役ハ瓦寺十五文出之
四至　限東道　限西道
　　　限南境　限北際目　字道の末

右件下地者、くほの坊の永領也、雖然ようくあるによつて、直錢六貫文ニ永代をかきり、孫三郎殿ニうりわたす所實正也、本文書者、先年中谷の坊ゐんしやうの時やきちらす也、万一本文書とかうして出來のともからあらハ、盗人の罪科ニおこなハるへき者也、もし此下地ニわつらいの時ハ、うりぬしとしてあきらむへき者也、仍爲後日しせううりけんの狀如件、

明應元年壬子十二月三日　覺乘（花押）(89)

二〇三　赤佐秀久近江國岸本郷代官職請文

預申　近江國岸本鄉□小田苅御代官職事

右御年貢米公事錢幷節々公事物等任先執沙汰可申事、

一　御年貢收納之時分、上使申下米錢於庄家、可渡申事、

一　就御公事篇、或折紙錢、或御樽等、以請取可致筭用、又者上使等令同道、可申合事、

一　地下名田所職以下公事幷檢斷出來時者、上使申□□〔得カ〕御意事、

一　就所務重先□知行時者、不及沙汰儀、於聞出者、慥々致催促、取沙汰可申、若又爲御本所、被尋出於米錢者、堅致成敗可進覽事、

一　御代官給分幷在庄下用、上下煩分仁御年貢內五分壹引給而、可取沙汰申、其外事者是非不可申事、

此條々、聊不可不法候、万一背請文之旨、致不儀者、縱雖爲所務寂中、別人仁可被仰付候、其時不可及一言子細候也、仍請狀如件、

延德參年八月四日　赤佐左京亮

秀久（花押）（75-2）

山田和泉殿

二〇四　紺座執行在廳能宗御菜田賣券

（端裏書）「ないらうきたの貳段畠一段」

賣渡申御菜田之事

合壹段者　字ハナイラウ北野
「二段内西之面《ツラ》《ヒ》」

紺　座

右件畠者、紺座執行在聽能宗賣得相傳之私領也、雖然、依有要用、直錢貳貫伍百文仁限永代、正瑞首座仁賣渡申處實正也、但此畠有貳段、一段ハ能嚴方賣得、一段ハ正瑞首座賣得也、二段之内仁本文書有四通、二通ハ有能嚴方仁、有二通ハ正瑞首座方仁、如此本文書有兩處上ハ、不可有違乱妨者也、本役ハ段別仁百五十文充也、此外無万雜公事、仍爲後日支證、賣劵狀如件、

文明三年辛卯十一月廿七日　　執行（花押）(90)

二〇五　松屋左衛門大夫屋敷賣劵

賣渡申屋敷之事

合壹所　在地自南三家目、口一丈三尺五寸、奥従ハ三丈九尺也
代壹貫五百文ニ九郎次郎方ニ賣渡申所實也

右此本文書ハ、人ニあつけ候ヘハ、その主不覺仕候時不返候、若此文書と申て、以出來候物ハ、社家よりとして、當俗〔盗賊カ〕之御沙駄（ママ）ニおこなわれ申可候、仍爲後日狀如件、

賣主松屋左衛門大夫（花押）[91]

應仁參年戊（ママ）午參月十六日

二〇六　圓滿寺僧又海屋敷賣劵

沽却　屋敷事

合壹所者　口六尺八寸　奥三丈八尺
在八幡山路鄕内南頬

四至　限東他領　限南放生河
　　　限西道但新道　限北大道

右屋敷者、円滿寺買得相傳屋敷也、然而依有要用、數通證文等於相副、于直錢六〔×三〕

百五十二文仁、二郎兵衛方ェ限永代所賣渡實也、後々更々不可有他妨者哉、万一違乱之出來時者、以本錢可買返者也、仍爲後日證文狀如件、

寛正五年申〔甲〕申拾月五日　円満寺ヵ〔文〕海（花押）(92)

二〇七　尊圓田畠賣券

賣渡申作田畠之事

合貳段者　字元田

四至限　東際目　西大道
　　　　南際目　北際目

右件之下地者、買得相傳之地也、雖然、依有今要用、直錢柒貫五百〔×文〕仁本券壹通相副、限永代今藏江賣渡申處實也、但此下地ニをき候て、いらんわつらひ候ハヽ、此方として明可申候、仍本役者段別四百五十文充にて候へ共、ふせ申候て、段別百文充永代可給候、此ほか万さうくしなし、我らか名之内御さい田に候之間、ふせ申候、若天下一同之德政行候共、一言之子細申ましく候、仍爲後日之せう

德政

文狀如件、

寛正五甲申七月四日　尊圓專當（花押）(93)

二〇八　善乘等連署屋敷賣劵

紺　座

賣渡　屋敷之事

合壹所者　在所者紺座南頰西端也
口東西壹丈七尺奥南北五丈也

右件屋敷者、科手仕丁兵衛次郎大夫、當宮之御燈油仁寄進被申雖爲下地、今依有要用、直錢五貫文、限永代、本文書其外手次已上七通、高坊能祐仁賣渡申處、在地明白實也、万一於此屋敷、違乱煩出來候者、爲賣主可明申候、更々不可有他妨者也、仍爲後日證文之狀如件、

康正元年十二月八日　賣主 善乘（花押）(94)
同　教圓（花押）(95)
同　□教（花押）(96)

二〇九　八幡報恩寺僧尊憙讓狀

讓狀

一　中振包弘・行近兩名事、照尊永代可致知行者也、

一　中振下司分米、每年半分、眞乘一期間、可渡付者也、殘於半分者、重俊一期可有知行候、

一　橋本地事、目録在別紙、寬尊仁讓与處也、但未若之間、爲照尊計、此分可加扶持也、如此雖申定、於有不法別心之儀者、非制限、每事成水魚之思、一跡可專興行者也、仍讓狀如件、

寶德四年正月廿四日　　尊憙（花押）(97)

二一〇　從位右衛門太郎行師國成屋敷預ヶ狀

領狀

於在山城國八幡中從位丁内絲之屋方後ニ屋敷壹所あり、右衛門太郎行師知行地なり、爰子にて候竹夜叉童お、右衛門三郎ニあつけおき候、依彼屋敷一所、右衛門三郎預おき候處、明鏡白實也、但かの竹夜叉若正躰なく候ハヽ、右衛門三郎あつけ与所なり、於後日、他之いらんわつらい乃義、あるましく候、若いらんの物〔者〕候ハヽ、盗人の沙汰あるへく候、

依爲後日あつけ狀如件、

應永卅一年十月十日

竹夜叉

右衛門三郎

從位右衛門太郎行師國成(花押)(98)

二一一　法印權大僧都了尊讓狀案

「長祿貳□寅□十二月十九日照尊(花押)(99)

尊通(花押)(100)」

讓与

中谷柑子木坊事

右坊者、自宗延法印、相傳知行處也、刑部卿照尊仁永代令讓与畢、
一杉本坊事者、尊憙酬恩寺致造立、於移住者、照尊可致留守職、
一以法通寺庄内毎年伍石伍貫、幷但馬國高田庄、令讓与處也、於法通寺之米錢、
杉本坊者、照尊一期之後者、酬恩寺仁可返付、於高田庄者、永代可致領知、爲
酬恩寺門弟、成水魚之思、互專密教紹隆、可致昵近者也、仍讓狀如件、

永享拾貳庚申十一月十五日

法印權大僧都了尊御判

酬恩寺
法通寺庄
但馬國高田庄

二一二　うをやめうきん屋敷質入契約狀

けいやく申やしきの事

合壹所者

右件やしきは、ようくある仍、貳貫五百入をき申上は、いこ本利ともニ五貫文
なり候間、かの代ニもしあまり候ハヽ、うへをは上坊さいちやうの子のかつし

きに、いつり申候上ハ、此ほかはいらんわつらい申物あるましく候、たゝし此狀ハいつり狀、又ハはなち狀して、・永代〔×代〕ちきやう候へく候、其時一言子細申ましく候、仍狀如件、

永享十二年七月廿五日　　めうきん《うをや》(略押)

二一三　阿古女屋敷賣券

紺座

賣渡　紺座南顏屋敷事

合壹所者

境　口一丈八尺東西をかきる
　　奧六丈六尺南北をかきる

右件の屋敷者、こうの座の南のつらなり、阿古さうてんの私領也、雖然、要用あるによりて、直錢六貫文ニあてゝ、六郎先生殿ニ限永代所賣渡實也、但文書四通相そへ候て、沽却仕候上者、更ニ不可有他人妨者也、仍爲後日證文沽却狀如件、

永享參年八月廿五日　阿古女（略押）
請人
次郎兵衛（略押）

二一四　菅原氏女屋敷賣券

紺座

賣渡　屋敷事
合壹所者　東西壹丈八尺
南北五丈なりといへとも、
在こうの座
南頬
但今者口壹丈陸尺、奥五丈
六尺也、
右件屋敷者、管（ママ）原氏女買得相傳屋敷也、然而、依有要用、相副本文書一通、直錢肆貫「五百」文、限永代所奉賣渡朔女實也、若万一違乱煩出來之時者、任本文書之旨、可被申行謀書罪科者也、仍爲後日龜鏡證文之状如件、

貞治五年丙午七月廿六日
顕雄（花押）(101)
管（ママ）原氏女（花押）(102)

二一五　けんおう屋敷賣券

紺　座

うりわたす　やしきの事

合壹所者　口東西壹丈七尺　奥南北五丈

在市庭こうの座南つら也

右地ハけんおうさうてんの地なり、而よう〳〵あるによて、ほんもんしよ壹通おあいそへて、ちきせん五貫文ニあて丶、さいまつ女にゐいたいおかきて、なかくうりわたすところしち也、若万一わつらい候ハ丶、ほんせんおかへし申へく候、仍爲後日狀如件、

永和參年丁巳二月十日　けんおう（花押）(103)

ミやうしん（花押）(104)

二一六　沙彌正阿屋敷賣券

賣渡　私領屋敷事
合一所者　千東坪南ツラ西ソエ
四至　東ハ其ノ御屋敷ノ堀、南ハホリノ南ノキシ、
西ハ御所ノ東中カキ、北ハ大道也、
右件屋敷者、沙弥正阿相傳之屋敷也、而依有要用、直錢壹貫文充、黒法師御前限永代所賣渡實也、但本劵手繼等者、去建武五年七月五日夜、社頭炎上之時、東ノ御藏仁預置之間、燈矢〔燒失カ〕早、是山上山下無其隱物也、向後將來更不可有他人妨、仍爲後日證文之狀如件、
貞和三年十一月十三日　沙弥正阿（花押）(105)

二一七　行覺畠地賣劵

賣渡　田畠一所事
合壹段者　字内河頬
所當ハ定田
四至　東限堤　南限類地
西限類地　北限類地

右件畠者、行覺相傳之私領也、而依有要用、直錢肆貫貳百文仁相副本證文壹通、所奉賣渡信勝御房之實也、向後更不可有他妨者也、本役參百文之外、萬雜公事無之、仍爲後日賣劵之狀如件、

元亨元年五月九日　行覺（花押）(106)

二一八　王氏女田地賣劵

賣渡　相傳私領□事

合壹段六十歩者

在山城國久世郡安屋里九坪内北繩本也

四至　限東繩　限南類地
　　　限西繩　限北繩

右件田、元者字王女先祖相傳私領也、雖然、依有直要用、充錢柒貫文、限永代多建部清宗仁所賣渡實事也、相副本證文五通在之、但於所當者、六月御供米壹斗進納之、此外全（衍カ）無万雜公事無之、雖經向後將來、敢不可有他之妨者也、以之可爲

後々將來龜鏡者也、仍爲後日沙汰、以新立劵文沽却之狀如件、

文永二年歳次乙丑十一月十三日

王氏女（略押）

嫡男乙松（花押）(107)（裏書アリ）

公文蓮聖（花押）(108)

秦貞重（花押）(109)

（裏書）「秦友貞」

二一九　八幡山惣中請文案

大坂之落人

今度大坂之落人、一人も隠置不申候、其上何方ニ隠候も、今日迄ハ不承候、至以來も承時候ハヽ、早々可申上候、若訴人罷出候ハヽ、本人之儀ハ不及申、一類可被仰付　御法度之旨ニ、可被仰付候、以上

慶長廿年五月廿四日　八幡山惣中

寺持衆何も判形仕候

竹腰山城守様

河内國交野郡星田村

二二〇　青山成重奉書案（切紙）

八幡宮　御供米、河内國交野郡星田村内百貳拾石、同寺村内貳拾八石參斗四升、都合百四拾八石三斗四升事、任今年慶長十七年十二月二日　御黒印旨、可有全社納者也、

慶長十七
十二月二日　　（青山成重）圖書助判

二二一　河田家長山藪去狀

今度依有要用、米貳十伍石給置候条、我等自先祖令進退山藪之分、去渡申善法寺殿候、賣券者從先年御所持之儀候条、不及是非候、全無他妨御知行專用候、仍爲後日狀如件、

天正四（丙）子酉年十月廿九日　河田孫四郎家長（花押）⑽

竹内伊与守殿まいらせ候

二二二　東藏坊施行狀案

酬恩寺
近江國愛智郡
小田刈郷

（包紙ウハ書カ）
「延徳三年□　東藏坊
安富筑後守殿　御陣所　□□」
石清水八幡宮酬恩寺領愛智郡小田刈郷事、任去十七日御下知之旨、可被沙汰付
彼雑掌之由候也、恐々謹言、
九月廿二日　を濡　在判
安富筑後守殿
御陣所

泉乘寺南庄

二二三　石井顯親泉乘寺南庄代官職請文

○文面ニ黒圓印八顆ヲ捺ス（江戸時代ノモノナラム）

預申　八幡宮領泉乘寺南庄之事、
右御在所者、當宮御燈幷御倉析所也、本役分、六月卅日參貫五百文、十一月御神
樂初卯前參貫五百文、都合七貫文、毎年無懈怠可致執沙汰、御代官得分者、拾分
一可給之、此外有聞出事、追而可申談之、若有無沙汰之儀者、雖爲何時、御代官

職可有御改替、其時不可有一言之儀狀如件、
文明十九年貳月九日　石井修理進
顯親（花押）(111)
山田和泉殿

二三四　後醍醐天皇綸旨案

(一)後醍醐天皇綸旨案

出雲國横田庄・阿波國櫛渕庄等地頭職、所被付社家也、山上御殿司入寺以下社僧等令知行、致長日社頭法樂、可奉祈天下安寧之由、可被下知者、天氣如此、仍執達如件、

建武元年八月廿一日　宮内卿判
「經季朝臣」

八幡檢校法印御房

(二)後醍醐天皇綸旨案
豊前國入學寺
地頭職
護　國　寺

豊前國入學寺地頭職、所被付護國寺也、夏衆已下寺僧等致知行、可專懃行之由、可被下知者、

天氣如此、仍執達如件、

建武元年八月廿一日　宮内卿在判

八幡檢校法印御房

二二五　石淸水八幡宮御祈禱文書案

（一）後醍醐天皇綸旨案

〔御〕□祈禱事、自今日被始行之様、可有御下知之由、

天氣所候也、仍執達如件、

「元弘三年」卯月十六日　左近中將忠顯

謹上　殿法印御房

（二）大塔宮護良親王令旨案

就御祈禱事、　綸旨如此、今日自十六日、可被始行一字金輪護摩・同供幷尊勝佛

頂法等、十二口僧侶嚴蜜《（ママ）》可令勤修給之由、

大塔二品親王令旨所候也、

元弘三年卯月十六日　　左少將隆貞判

少輔律師御房

(三)大塔宮護良親王令旨案

淀關所

近江國善原庄

河內國高柳庄

八幡宮社壇每月一七ヶ日中每日百座仁王講斵所□〔事〕、雖被充行淀關所、依有子細、所被立替近江國善原・河內國高柳兩庄也、永代不可有轉變之儀、依　將軍家令旨如此、悉之以狀、

元弘三年六月十五日　　左少將判

一山住侶等中

石清水八幡宮祠官要略抄

二二六　石清水八幡宮祠官要略抄

（一）（原表紙外題）「石清水八幡宮祠官要略抄」

（二）石清水八幡宮祠官要略抄

一景行天皇御宇三年、丁酉、武内宿禰御誕生、　同五十一年、辛酉、以件宿禰始爲棟梁臣云々、

一仁德天皇御宇五十五年、丁酉、武内薨、或説五年隱給云々、

一武内大臣六代朝奉仕、景行、成務、仲哀、神功、應神、仁德、

一書云、擊于東〔東カ〕夷還給時、稱身苦由入　死所〔脱アルカ〕云々、三百六十歳、

一書云、對東、　三百三十歳、　草郡宇治鄉人、　母山下、

一成務天皇三年正月ニ爲大臣、　大臣始也、

因幡國宇陪宮

一三百六十二歳ニテ因播國宇陪宮ノ山中ニ、衣冠正シテ入御、沓計殘昱〔置カ〕、一句ノ文ヲ被留竹葉云々、法藏比丘　豈異人乎、　弥陀如來卽我身、　是以此日爲御命日、　御沓ノ在リ所ヲハ墓所ト奉崇ケリ、

（三）一應神天皇九年四月、武内ヲ筑紫ヘ下メ百姓ヲ令見時、舍弟ノ甘美内《ウマシ》ノ宿禰、兄ノ職ヲ望テ天皇ニ讒シ申樣、新羅高麗百濟等相語テ爲傾、天皇大驚、軍兵差下可有征伐云々、大臣無罪事欲給リ、爰眞根子ト云翁來、我姿不違大臣トテ、替御命被誅ノ其間ニ、南海廻紀伊ノ湊ニ上テ、天皇ノ御前ニ參テ、對讒ノ者被對決ルニ、是非不一寔〔定カ〕、銅湯ヲ沸被手入ケルニ、甘美内ノ御手肉皆落テ、大臣無恚〔恙カ〕、武内以腰劍甘美内ヲ爲害ント、天皇我ニ　留給リ、弥爲無二ノ忠臣事、

一越前國氣比社ハ
影向ノ子細、
御産アリシ、　御名ヲ譽田ト申、号譽田ノ天皇ト大井ノ御詫　奉ムテ者波、　先第一間
仁大智滿中、　大智滿ハ氣比ニテ坐、

（四）**武内宿禰**　自神武天皇十二代胤孫、

豊河――自武内十四代後胤、
　――**田長**――**御園**――**眞濟僧正**号紀僧正柿本　弘法大師子（ママ）御弟子、貞觀二二廿五、入滅、六十、

大安寺行表

田弟 魚弼《ウヲスケ》

夏弟 行教　大安寺行表弟子也、住僧、正月廿八日入滅、

魚子 夏井　貞觀八十八入、

行弟 益信僧都　圓城寺　号成就院　天長誕生、延喜六三七入滅、當宮第一檢校、東寺一長者、寛平法皇御水丁師、贈本覺大師

夏子 安宗　行教和尚弟子、或説眞濟御弟子云々、師主東大寺眞觀阿闍梨、石清水八幡宮第（ママ）別當、寺務廿五年　仁和三九十九、入、七十五、

安弟 御豊　第一神主

御子 良範　第二神主

良子、或養子 延晟　第五別當 —— 定胤　第七別當

定弟 延晟子 良常　俗別當　神主　良範爲子

（五）

良常子 聖情　貞元二十二補權別當、長保二始敘法印、朝家法印之始也、無先規傍例、永観元七四補別當、長元（ママ）十七任檢校、長和二正廿入、

聖子 定清 号三条　寛弘元十二十三補權別當、寛仁元十廿敘法眼、治安二七辞退、權別當元命寛仁三依蒙釐務之宣旨也、長和二二廿七任別當、治安三八一補檢校、寺社務六年、

聖弟
安遠　第二神主、　俗別當、

安子
兼輔　第三、　俗別當、神主、

兼子
兼清　永承二三八權別當法眼、　清成清秀ノ後胤事也、　千部法花讀誦寶前參、舌噬切死、西方ノ衆ヲ可滅願意也、無程皆亡失、康平六十七入、五十四、　當時面（ママ）胤無一人云々、兵器入館葬送遺言云々、

觀音寺
大山寺

兼清子
頼清　大乘院本願、請良賢上人爲開山、　觀音寺・大山寺兼行也、　寺社務十四ヶ年、　康和三正三入、六十三、　金剛經一万卷讀誦之、自結軸寶玉涌出、

頼子
光清
号垂井　寺社務卅五年、保延三九廿四入、五十四、墳塔在垂井云々、

信清
行清
成兼
敎―嚴―相―堯―慈―應―圓―　加光清、兄弟以上十人、
理清
範清―覺應

光子
任清
号小松　天仁元誕生、　母權別當覺心女、法印權大僧都、寺社務十五年、仁平元潤四十四入、四十四、

任子
玄清　改元、母内大臣宗能女、久安元十一七出家、臨時受戒、法眼、法印、師主行玄、

玄子
賢清

賢子
安清 ―― 増清
（石崎禪師是也）

安子
紀成長　菊地次郎高直聟、住鎮西泉冠者是也、

（六）菊池次郎高直

賢弟
隆清 ―― 隆詮

隆弟
順清 ―― 什清 ―― 汲清
（母祐清女）

治部卿
猷承　改祐證、修理別當、御殿司、權律師、弘安元八廿入、五十七、
―― 安清 ―― 幸清

順子
承清 ―― 祐尊

光子
勝清
号園
寺社務廿ヶ年、擬僧正、被聽香染、准法務、退隱、嘉應三一四入、六十三、法園寺

本願、

慶清 勝子　寺社務十六年、　文治二十二廿三入、五十八、

道清 慶子 号田中　修理別當、天並任始也、　別當檢校廿一代、　元久三正二入、卅八、
直敍法眼始也、

（七）

宗清 道子　別當、檢校、　苫〔筥〕崎　檢校、　母成清、嘉禎三六九入、四十八、

敎清 宗子　法印、号惡權別當、放生大會之日、於常盤、鷹逍鳩ヲ[illegible]テ第三神輿落懸ル、依此科關東
被召下之、被因閉折節燒失、公武搔〔騷〕動大唱、立乘輿走車之馳違砌、件敎清令馬飛、被此儀
暫許容云々、又依惡行更發終夭亡、

養清 敎子 ――― 權律師 ――― 顯性 律門〔師カ〕

行清 敎弟　寛喜元四十五誕、安丸云々、母祐―女、山門受戒、建長七九一以白絣〔ママ〕別當、被召寺務擧狀
補之、建治二十十三寺務執行、弘安二正廿六被聽香染、弘安二十九入、五十一、

守清

堯清　權少僧都、法印、別當、四十八代、檢校權大僧都、正中二潤正十一入、五十、女陶〔母カ〕―妹通―室、

房清　権別當、　母坊人能登守助重女、

房弟
陶清　別當、検校、権大僧都、康永二九十六入、四十五、

（八）
定清　別當、社務、在遁世、於苔崎宮〔筥〕入、四十八、貞治五六一、　以舎弟常清爲弟子、　青林寺本願、
但此堂者門跡持仏堂也、當代被引移之、号青林寺云々、　昔各門跡毎被構持仏堂、旦暮在精懃、
承仕致供花云々、

常清　別當、検校、　母日野中納言資朝女、　毎月廿四日地藏井令門板仰坊人令荷擔廻境内、素
緇印之若干切刀也、世云、田中殿地藏御通云々、

融清　母長井因播入道貞阿女、應永七七六任検校、再任聽香衣、著袈裟、
應永、應享〔ママ〕年中ニ、及兩度過分坊舎造營之、後〔彼カ〕坊者一棟百坪之檜皮屋也、日本一之家也云
々、以金銀造金物、純唐糸付障子引手、構階隠植、雨來行幸之間、盡色節、可被申御成之
處、二三日以前炎云々、广〔應〕永之坊燒失了、皆以火付云々、以三寶院滿濟被申入云、今度之
坊以外過分也、及火事條大方不苦也ト、僧正被仰了、

三寶院滿濟

芳清　任検校、　著香衣、　慈父存中死去、

生清　任社務、則被聴香染、著袈袋、卅年之比也、年期不覚、若冠身高職今重畳、眞〔冥ヵ〕加如何、文明十三辛丑四七、親王御参宮賞、脇壁御免、是家始也、阜清以内奏雖歎（ママ）被申、無御許容之由風聞、融清代時ニ雖有競望、宋清堅被押置云々、

生子 奏清

奏子 兄清

（九）

―小侍従 光子、勝妹　哥仙、　当山中谷椿坊者、　昔小侍従ノ坊也、　号歓冬坊云々、　此草多前栽植置之故也、　墳塔乗〔垂〕井在云々、

―美濃局
　―六宮　道恵法親王、　天王寺別当、
　―七宮　覚快法親王、　天台座主、

（一〇）

姫宮　雙林寺、

重清　光子、局弟　号乗〔垂〕井四郎禪師、権上座、遁世、

寂清　権別當

圓清

命清　号常盤

能清

行清

尋清

女　慇〔殷〕富門院女房、号小〔少〕將、

春清

增清　寂子、命弟　号竹

寛清

朗清

快清　光子、寂弟　号伊与禪師、

―承清　阿闍梨、

一成清正治三年置文曰、高野住ノ間、在不清浄者、我随魔界成首梁、得自在、其室内日々三ヶ度飛飜、可加治罸佛法修行、在浄器者輩、悉成擁護令攘災云々、

(二)
成清　光子、承弟
保安三誕生
号高野殿、其故ハ年久隠遁随心院再興之、然而平家亡成源家代、頼朝宮寺中仁平氏不祈者被撰、文治五年三月五日、六十六歳、出高野山八幡ニ赴著、

香椎社領
建久三二三補任社務、同八十五當宮一日御修理始之賞、香椎領卅六ヶ所一時庄務、放生
正治元八廿七
過去七十八歳
大會神幸之外者、御遷宮無之、依之御上葺不叶之處、兼日令用意、還幸以前御修理出來云々、

護國寺前立金銅如來者、保(ママ)六年社頭炎上種々之金物ヲ以テ奉鑄之、本尊ノ心木ニ、由緒被書付之、

比谷石木段階科手人夫ニテ沙汰之、近來長仁僧(ママ)言坊住以勸進悉切石成之、

開印寺
花薗左大臣有仁公御養子、令得度仁和寺殿、諸(祇カ)候西岡開印寺、遂講問、該《□ナハリ》叡聞、在御感云々、

新古今和歌集
保元々年鳥羽院御宇、被補修理別當、猶在社不合期也ケレハ、於社頭詠榊葉ノ哥、新古今入、

成子
昌清　法橋法眼―邦清―照眞　按擦
權上座少別當
阿闍梨御殿司

善法寺觀音堂

成子、昌弟
祐清—　堯〔安元カ〕二出家十一歳、師主覺快法親王、　第卅二代別當、修理別當、法橋、法眼、法印、權大僧都、檢校、弥勒寺正八幡宮檢校、承久三四廿三入、五十六、善法寺觀音堂本尊、十一面、當寺ハ建長八年被造新之、年期相違難意得也、御堂草創以前佛歟、

—**秀清**　建久三誕生、修理別當、權別當、永元（マヽ）々八廿三、早世十六、補當職七ケ日、

（二）

祐子、棟弟
寶清
號家田
別當、不遂社務、弥勒寺正八幡宮檢校、仁治三九廿五、入、四十四、

寶子
宮清
號善法寺
母竹別當幸清女、修理別當、權別當、別當、檢校、弥勒寺正八幡宮檢校、法眼、直、建治二十十二入、五十一、後嵯峨院ヨリ著帶任被下、爲皇子者可補祠官之由、被仰下早、尚清是也、善法寺號南寺、本願也、但當寺者宮—坊也云々、尚清時代北屋敷在住宅、觀音當〔堂カ〕者胎屋西坊ハ局町也、

（三）

後嵯峨院皇胤《イン》、宮清弟子
尚清
號善法寺
母大納言局、中南院花山院法眼良宗女、大納言法印玄雅妹也、清一童名也、權別當、法眼、直、別當、檢校、弥勒寺正八幡檢校、元應二十六入、六十七、聽香衣、

尚—子
—**郎清**　修理別當、權別當、法眼、法印、

―肇清　母明證養子、若宮巫女、香一、院勝後家、

―祐勝　母承清女房〔帥〕□局、御殿司、法印、任執行職、

―道憲　母同肇清、泉〔涌〕誦寺住侶、善法寺長老、終泉涌寺隱居、出家、二十、

(一四)

尙―子、道憲弟
通清　号入江　又号弥勒寺　權別當、法眼、直、權少僧都、法印權大僧都、弥勒寺檢校、暦應四九十九入、四十六、
通―ヲハ号大上、康―ヲ号門主、爲兩亭分跡相承、但通―ハ期一代也、於門跡相續者、先師尙―讓与康―云々、

通清子
匡清　号入江　母堯―女
權別當、法眼、直、別當、檢校ニ任、康安二卯四、

―當清　延文四六廿三權別當、禪宗、永和元五六遁世、号中伎房、

通―子、匡弟
昇清　号山井　城内類也、母行然女、權別當、直、法眼、法印、別當、狂乱以外之間囚閉、於清水邊死去、貞治三六十二、卅九歲、
通―室、巫女、　母通玄寺開山聖通、智泉、号清水殿、鹿園院殿御外祖母、

昇子、了兄也
重清　以舍弟了―爲弟子、權別當、直、遁世、禪宗、号常因、以後号尊阿、又清阿、物狂之氣在之、

昇—子、重—弟
了淸 号善法寺　權別當、直、法印、補檢校、數輩超越、　至德元十廿五於新熊野入、卅七、　永淸以罸文、自今以
後停惣領職之旨、申合之、了淸同以告文割分者、縱雖　上意、不可□〔有カ〕違乱之由承諾、广〔應〕安
年中、

昇子、了—弟
義範　赤松信濃判官入道世舜爲養子、号赤松三郎、

（一五）了—子
宋淸　宝德四三十四入、京三條宿七十七歲、　康暦二十二八任權別當、　應永十六八月廿九、補
社務、同權大僧都、再任四ヶ度、裘袋、　著紫袍、　母田中北超—女、山井屋敷造隱居所、
号山井殿、聖光、　宋—若年ヨリ物氣□〔意〕在之、没後ニハ坊人無出仕之者、重淸大都下知之云
々、白象神息ナリ、太刀ヲ拔持、勝定院殿寄進、被官人私宅ニ行向、日夜搔〔騷〕動以外、後山登テ山腰
ヨリ倒テ、善法寺長老坊邊ニ墮落絶入、小坊扶人養性、身躰不合期、如中風云々、放生大
會烈〔列〕、大行導ニハ烏帽子著太刀持四五人供奉之、皆殿原共也、爲時見苦敷之諸節、出仕之
後、絹潛女房大勢被置之、　雖爲聽聞分、不似合之式也、對馬、　畠中、　大坂、　伊香
賀、親兩三人、丹後法眼、時枝、　水屋、　此等者皆二三千貫充分限也、就中對馬、伊香
賀四千貫計持分有之云々、

重清 宋─子、孝─弟

任社務、袈裟、著紫袍、文安四三十三入、

晃清

重─死去之刻ヨリ、坊人同分ニ破テ、前腹岩本坊居住之、禪師取立之、伊香賀中務丞私宅ヨリ、以群勢門跡ヘ押寄、晃─没落了、細川殿憑之在京、早世死去、禪師ハ号透清、對安堵善法寺居住、伊香賀一人ハ惣ト懸合、京都ニテハ　廣孝寺殿德本鼠色、

木代庄

（一六）**享清** 重─子、晃─弟

補社務、著袈裟、同時紫袍、准殿上人爲童躰昇殿、号童殿上、室町殿御執奏、广〔應〕仁乱刻、透─ニ被襲、善法寺坊舎悉自放火、山崎越、其後木代庄在三ヶ年、次柳原在京、透─嫡弟多々丸□、透─死去以後、一代爲善法寺在寺、但無住坊、南寺東坊居住、爲始長老坊、寺中悉魚食不淨、多々丸坊人共破テ寺家不住、文明十一年對　乞降、入円滿寺又海室出家、号淨心房、近日病痛以外、不經數日淨心房円寂云々、於是門跡相論永斷絶了、卅三ヶ年惜〔錯カ〕乱、

興清 享子

東寶塔院

（一七）**幸清** 号竹　成─子、成眞法印弟、

母俗別當宗俊女、号土佐局、修理別當、法眼《ケン》、直、法印、第卅代別當、承久三超越宗清、寺社務十四箇年、東寶塔院々主、香〔椎〕□宮檢校、自本師成清相傳之、文暦二七五入、五十九、

息卅六人、男十二人、女廿四人、委系圖記之、

超清 幸子

母權別當増清女、修理別當、權別當、法眼、直、法印、東寶塔院々主職、本師幸清讓之、
嘉禎二四廿三入、卅九、

承清 超子

權上座、少別當、修理別當、

興清

母道清女、權上座、少別當、修理別當

尊行房 禪僧、渡唐、

（一八）**棟清** 祐子、季〔秀カ〕弟 号壇

母同秀清、元久元年十月十一日、子剋、於御室御所出家、十一歳、卅五代、修理別當、權別當、直
敍法眼、是始也、權少僧都、法印、別當、弥勒寺正八幡宮檢校、權大僧都、
戒師權律師經源、權律師弘遍、唄、參河阿闍梨行遍、剃手、南都受戒、

妙清

母寛清女、寶治元十十六、於圓滿院宮出家、九歳、役任觀阿闍梨、
修理別當、權別當、直任法眼、法印、別當四十代、社務、權大僧都、南都受戒、嘉元
三年十月四日入、六十七、

朝清

母行清女、出家九歳、權上座、修理別當、權別當、少別當、權少僧都、法印、別當、五十
七代、檢校、暦應二十十三入、七十四、

稱清　母守清女、修理別當、權別當、權少僧都、法印、別當、朝—先立早世、元弘元十一十八日入、四十八、

崇清　母入寺行兼女、權別當、直、法眼、權少僧都、法印、文和元十二十四任別當、稱—早世之間、受門跡於朝—、應永三十二十六入、

（一九）能清　母二条宰相爲雄入道女、清壽丸、延文三三廿六出家、九歲、法眼、直、權少僧都、法印、應永七十二十五補別當、

亮清　至德二三二七出家、〔十〕□一歲、權別當、法眼、權少僧都、法印、別當、隱遁、但不離家、

豐清　任別當、一臈別當ノ時、霜月初卯初遂出仕、戒師入寺幸朝法印一和尚、兼職橘坊、

周清　任社務、文明十四八月　再任、戒師入寺一和尚仲覺法印、橘坊、兼官、

庸清　自別當任社務、入六十、

（二〇）耀清　幸子、起〔超カ〕弟
修理別當、寺任少別當、法橋、法眼、權大僧都、別當、検校、香椎検校、母同超清、聽香染、建長七三一入、五十四歳、無分際上者、子孫斷絶之儀當宮祈申、雖有當官三人、無嫡弟、女子計也、

明清　耀子
修理別當、權別當、法眼、直、權少僧都、建長七八八、入、廿五、廿歳イ　母祐清女、

紹清
修理別當、權別當、直、法印、母同、文永五八廿五入、卅六、

隆清
修理〻〔別〕當、權別當、法眼、直、權少僧都、法印、

堯清　幸清子　号蒲生
母法橋增範女、宮内卿、法眼、直、

堯惠　宮内卿
權上座、少別當、法橋、法眼、
―清惠
權上座、少別當、法眼、
―延清
宮内卿、少別當、

名清　治部卿、少別當、

永清

祐眞　大藏卿阿闍梨、
号中谷僧都、報恩寺、
元快晴、又粿〔粿〕清　又賴承、又幸海、
―猷海　治部卿
―清杲
―淸海　宰相

（二一）行子、守弟
良清 号竹 ―― 正嘉二五十二誕生、亥剋、　權別當、直、法眼、權少僧都、別當、永仁七四十一入、四十二、

├貞清　權別當、修理別當、權少僧都、權上座、少別當、母紹清女、遁世、

├豪清　權別當、修理別當、權少僧都、禎清

├濟清

├宗雅　權別當、修理別當、法眼、直、律僧、

├瀧清　母色好、權別當、權少僧都、檢校、權大僧都、建武三九四、入、四十五、

　瀧―妹
　女　左京大夫、号中將局、玄〔輝〕門院奉公、持明院殿母儀、

├朗清　母幸清女、權別當、僧都、別當、檢校、延文三二入、五十一、

　朗―子
　性清　建武年中、朗・統兩人爲武家之儀、囚閉在之、千葉介歟之、權別當、法眼、法印、永和二九十八任別當、不遂社務、應永七十一廿七入、六十二、

　性―子
　├保清　權別當、法眼、權少僧都、法印、別當、檢校、

調清　権別當、法眼、権少僧都、法印、保清ト同宿、

（一二）保━子
仲清　別當、任社務、文明十四五廿一入、六十二、

仲━子
證清　任別當、社務、

證子
交清　別當、任社務、

宮━子
長清　号家田　母巫女、松王、山上所司祐實女、童名若法師、修理別當、権別當、権少僧都、法印、別當、嘉元二十十三入、五十六、

長━子
能清　母中条出羽守頼平女、権別當、修理別當、法眼、権少僧都、文保元六四入、四十一、

能━子
汲清　改藏清

能━弟
明清　権別當、修理別當、権少僧都、於京都爲夜討夭亡、
━紹清　法眼

（一三）宮━子、長弟
榮清━　母昌兼女、童名勝王、爲大納言顯良子、師主天台座主隆覺親王、第四十九代別當、建武二

十一廿六入、七十二、

┃重清　師主天台座主覺雲親王、修理別當、權別當、權少僧都、正安三正九入、十八、早旦、

┃用清　母院勝女、十四歲出家、号三郎丸、嘉元二別當、元康清、元弘三七廿六日入、四十六、

┃應清　母同用清、出家十四歲、改宋清、修理別當、權別當、法眼、權少僧都、貞和五五卅入、五十四、

榮┃子、應弟
梁清　母靈山定觀法印女、改周、又孝、修理別當、權別當、法眼、法印、權別當、補檢校、

梁┃子
業清　改導清、修理別當、權別當、法眼、僧都、法印、嘉慶二十二五入、四十八、

業┃子
杲清　明德四七廿二權別當、法眼、權少僧都、法印、別當、任社務、依無子孫、東竹陽清以舍弟、一跡相承之、令出家、号雍清、猶兩流間是初也、

妙清　權別當、遂〔逐〕電、

（二四）

梁―子、業弟
廳清　永和元七五權別當、直、至德四年四廿五入、卅五、

―惣清　康广〔應〕元二廿三補權別當、法眼、明德四八十一入、早世、

東竹等―子、陽―弟子、
雍清　号駿河少路
權別當、法眼、權少僧都、法印、任檢校、駿河小路ハ新善法寺前屋敷也、号駿河少路 當時清淨光院前屋敷、雍―引移坊舍令興行、

宮―子、榮弟
承清　号常盤
母小野少將輔時女、号兵衛督、七歲出家、修理別當、權別當、權少僧都、法印、第五十代別當、

承―子
公清　母榮源女、改興清、權別當、修理別當、任別當、法印、觀广〔應〕三六九入、鵄退權別當之後、

―增清　母景重女、修理別當、西國解下、

公―子
名清　号大納言、善法寺坊人、法眼、

（二五）

妙―子、朝弟
龍清　号新壇
母白拍子禪德、修理別當、權別當、法眼、權少僧都、法印、嘉曆四七廿四入、四十六、

龍―子
雄清　改量―、權別當、權少僧都、自前權別當止住太隅蒲生、後禪僧、

雄―子
匡清　母土佐國人、康安元年六月十七日入、四十二、修理別當、權別當、法眼、權少僧都〻〻別當、于時
一臈權別當、

匡―子
秀清　修理別當、權別當、法眼、權少僧都、敍法印、明德元十一廿七、

秀―子
救清　權別當、法眼、權少僧都、

救子
應清　權別當、
　　―圓龍　戒師空圓法印、一向無正躰、後還俗遂〔逐〕電、
　對腰刀用白袴、形儀同所司、不斷廻詞〔祠〕官中、

棟眞　母攝津守幸親女
号高橋　修理別當、權別當、權律師、權少僧都、法印、御殿司、
　　―恒清　修理別當、權別當、法眼、權少僧都、
　　　　―成爲　法眼　山伏阿闍梨
　　―棟弁　權上座、少別當、權律師、山上執行、
　　―成譽

（二六）
瀧―子、朗―弟、
統清　母堯―女、第八臈權別當、直、法眼、權少僧都、貞和二五九入、廿四、（マヽ）建武年中朗―同前囚閉之事
号竹院主
在之、禪蓮上人戒壇院中沙汰、下川原宮御口入、綿小路禪門有免許之、統―行敎自筆之御

行　敎

遷坐略記所持之故也、

統—子
容清　權別當、直、　一臈權別當、貞和四六一法眼、康暦三正十入、四十一、

容—弟子
照清　康暦三正廿三任權別當、至德二四十三敍法眼、權少僧都、法印、補檢校、　新善法寺永清妾帶婦以後容清室照—胎出、清淨光院長老、容—姉、容清無子孫上者、猶兩流之間者、不可有本源著〔差ヵ〕別、被相計之云々、永清子乘清舍弟也、相形面貟不違云々、

照—子
等清　權別當、直、　法眼、權少僧都、　等—入、先師逝去百ヶ日中也、

等—子
陽清　權別當、法眼、權少僧都、法印、任社務、

陽子
廣清

(二七) 尚—子
曩清　号平等王院　母若宮巫女、春松、山上居住之時者、尚祐御殿司、任權別當、法印、權大僧都、別當、任檢校、延文五十一十二入、六十七、　四十餘年、每日一座不生不滅觀、文和二成就之、入眞光院禪助僧正室、密宗至極之仁也、

曩弟子
曾清　号牟礼　權別當、直、法眼、權少僧都、別當、任檢校、明德二七廿二權大僧都、應永八二六入、六十

四、細川武勗達　上意四國下向之時、曾清依宮寺師職同道、牟礼庄居住以來、号牟礼殿、歸〔洛〕路之儀同時、　曩清室産女子、同時胎出、以武子稱曩ー弟子養育之、曾ー實者他妹也、尊神依在機緣、烈神祠、但無子孫、殊勝ー　上意、　鹿園院殿令隨順、不斷殿中祗候、並枕御雜談、御成之砌、曾清參向、被立御輿被聞食、天下無比類威勢也、

曩ー子
登清

元喬ー、修理別當、權別當、　文和三八十九、超越重ー・久ー・業ー、敍法眼了、　不經別當任檢校、明德二八卅、〔應〕广永十三四八、六十三、

登
騰清

〔貞ー〕權別當、法眼、至德二三八任權少僧都、　法印、放生大會ト卿武家御參〔勤〕懃勝定院殿、之時、以紅綿帽子蒙頭上、不恐神慮、且乱法式、違上意、忽坊領大略被召放之、被仰付宋清了、

（二八）騰ー子
立清

三十三所巡禮

權別當、權少僧都、法印、任檢校、　一條殿依御執奏、被聽香衣、生ー透依兩訴、及武家御沙汰、以御奉書被止之云々、　應仁大乱之中、在坊領訴訟、在洛下著砌、於大竹邊逢惡黨被疵事、而所々加西方之大名餘〔与力カ〕刀之由享清訴申、坊領悉勘落無故不深（ママ）之次第也、　卅三所順礼沙汰之先規難在、殊不背一向乞食無是非之、破笠百結衣纒身、日中宮廻毎度在之、境内上下之過理者也、諸人及度々敎訓、無承引云々、

旲清

（二九）康清 号善法寺　尚―子、通弟、

母所司幸祐舎人弥三郎女、權別當、直、法眼、權少僧都、法印、別當、任檢校、貞和二正七入、三十九、於今熊野逝去、于時社務也、通清存生之間、雖爲兩亭分、承門跡相續於先師尚―仁、特暦广〔應〕四年以來六ヶ年者、弥忩世務、

永清 康子

母瀧―女、權別當、直、法眼、權少僧都、法印、別當、任檢校、延文五三廿八、永―・梁―二人同時ニ被敍法印、康暦三二十八入、四十八、門跡得替、貞治年中六月七日、爲上意被開門跡、祇薗會爲見物在洛、當職手被下之云々、永―善法寺坊人馳集、於可注進之間ハ、職手不入立之、其間ニ坊具重大物悉却之了、連〔速カ〕渡付之、應安五年ニ、永清与了清於權少僧都和睦、東堂智泉、被相計之、兩方以告文被定末代之儀了、本前新ノ三字、坊号之上ニ被撰之、新之字ニ定之云々、依西竹所緣、近所屋敷ニ移住早、性―代相當歟、

乘清

广〔應〕安三誕生、广〔應〕永卅五十一卅入、四十九、師主上乘院宮乘朝法親王、号下川原殿、權別當、法眼、直、權少僧都、法印、

要清

母高清女、明德四誕生、永享七七三入、四十一、風氣、師主空助法印、權別當、法眼、直、權少僧都、法印、先師負物永失三ヶ所、拔賣申破之歸本、勝定院殿御代、瀧房内御代。、成

多喜池田下司職
小塩下司職

今橋橋賃

社家奉行（八幡奉行）

（三〇）農清

行再興、　多喜池田・小塩下司職拝領之、　广〔應〕永卅一浩新本坊、

母顯尊女、若宮巫女、法名妙光、八十二入、　广〔應〕永廿三、誕生、号傳阿丸、長祿三四廿三入、四十三、戒師空助法印、爲附弟号空明、大納言、　遂行十八道、兄十清入、十六、於狐河邊沈水底、永享三七四卽里住、　權別當、法眼、直、　權少僧都、法印、　再任二ヶ度、　長禄二八十五、將軍家義政、神所爲御罪科畠山右衛門佐義就被仰之、遊佐河内守國助承之、交野・興津發向、放火中振郷・楠葉・淀・鳥羽・上下散在所々、始境内四十八座各々以告文大師勸請歟、降中、年中兩度大會執行之、今橋々賃爲賞拝領之、海河上諸關等放火破却之、廻領及廿ヶ所再興之、十六年斷絶諸節悉以興行之、却布衣著絹衣、其後一社同此儀了、社家奉行飯尾下総守爲數、社家雜掌森大炊助數向、

要━子、
宥清　農弟、　母同農━、永享二誕生、文明五四十入、四十四、戒師空円法印、權別當、法眼、權少僧都、法印、任檢校、再任、

農━子
龐清　母伊勢國人、寶德三八十五誕生、卯月卯日、　任權別當、

（三一）
陶━子、
超清　定弟、
号田中北
嘉暦三三廿六補權別當、貞和元十二廿九權少僧都、康安二四九任別當、貞治元十一廿五補

檢校、永德元十一入、六十二、

超子
高清　權別當、法眼、權少僧都、法印、以武家御敎書被補檢校、應永十五四十三入、五十六、

高―子
隆清　母嚢―女、權別當、嘉慶元十廿五入、丑刻、十六、

高―子、隆弟
良清　康應元三廿一補權別當、法眼、權少僧都、應永十七任法印、別當、

良―子
增清　權別當、法眼、權少僧都、法印、任檢校、再任、　違上意普廣院殿御代、高野遁世、号良阿、僧都比歟、

嘉吉以來在社、

(三二)

增―子
寮清　母等―女、任權別當、

―**豪清**　母同寮―、補權別當、法眼、權少僧都、　自童躰高雄住山、令出家、号大納內〔言カ〕、寺住交衆、依寮―他界里住、平民任祠官初也、爲有清、當職暫雖押置之、兩家善田不苦之由出狀之上者、不及是非之儀、

平民

了子、宋弟
長清
号入江　母同宋―、應永卅四丁未正十一入、四十八、至德元九十權別當、直、同二五九敍法眼、直、權少僧都、法印、　仕丁坂麓山切崩、開屋敷新造、元入江之坊敷者城內、東方也、　圍基〔碁カ〕上手、

勝定院殿御會手參申、

相國寺燒失
酬恩寺炎上

（三三）

長|子
宏清

母松梅院、　權別當、法眼、權少僧都、　田中北增清語得、依同罪違　上意普廣院殿、高野遁世、号宏阿、嘉吉以來在社安堵、自惣領宋|、　坊領悉被渡付之、　爲不應命者トテ、糞膳百餘盃、公卿三膳在之、齒朶樑荘之、　馬中路ヨリ南東西ノ埒内並置之、先代未聞次第也、正月十日比歟、男女裸形庭中交會、女房召集之見物、絶言詞曲事也、城中坊敷爲賃〔質カ〕券流、告畠中堯實知行之、依年期相論及鬪諍、驚卷〔巷説カ〕訖、被隱落於松葉邊生涯了、請重淸之命云々、依神恩任意繁昌、惡行絶常易〔篇カ〕逢如此次第、言語道斷事也、ロ　昭淹号石階中納〔言カ〕内、長|子、宏|兄、相國寺住僧、燒失、　勝定院殿御代、自身法堂火付了、ロ嘉吉二四廿八、依爲社祠堅不及御罪科、宋淸被禎卜之云々、酬恩寺炎上、昭淹沙汰子細者、山井禪尼聖光土貢万疋田地令買德之、了尊讓寺之、無故淹公押領之、依相支之故也、

宏|子
鳳清

母甲斐美濃入道常治妹、寛正四十廿死去、權別當、法眼、權少僧都、法印、任檢校、於西河原邊笛吹夜遊、有野心之子細、以遠矢右脇坪射立之、令歸坊、經兩日死去了、今橋三郎左衛門尉沙汰由、無程露顯了、以後爲惣領、享|、彼父子兩三人生涯之、私宅放火了、自身手懸人討事及度々、時々惡行夜討強盜、宏|ニ令超過云々、　山井聖光禪尼被新之坊押移數ヶ年居住、竹院主陽|ニ本坊沽却之、

養清

未補祠官、　鳳―死去、無程流勞、〔仁脱カ〕广乱中企參洛、一跡事雖有□、享―無承引、坊領悉勘
落了、近年不知落所云々、

（三四）

諸祠官子細條々事

一　清和天皇御宇、以安宗初而被補宮寺別當、

一　益信僧正當檢校初也、

一　圓融院御宇、貞元二年十二月廿一日、以聖情被補權別當、
一条院御宇、長保二年敍法印、朝家法印始也、無先規傍例、

一　定清、聖情子清字ヲ實名□置之初也ト見タリ、

一　祠官字古今記之、次第不調

兼清　頼―　覺―（兼子）　光―　嚴―（頼子）　理―　豪―（光）　任―　玄―　賢―　安―
隆―　順―　什―　汲―　良―（元賀）　承―　俊―　章―　幸―（安子）　勝―　慶―
道―　宗―　教―　養―　行―　守―　堯―　房―　陶―　定―　常―
融―　芳―　弘―　超―　高―　隆―　良―（二）　増―　良―（三）　貞―　豪―（二）

（三五）

禎―　濟―（良子）　瀧―　朗―　性―　重―（光子）　保―（性）　寂―　円―　能―　命―

二行―尋―春―調―統―容―照―陽―昭―二增（号竹）―寛―

有―朗―快―承―等―廣―成―昌―朝ヒ（邦）―仲（西竹）―證―

祐（善法寺）―秀―楝―妙―朝―稱―崇―什―能―亮―豊―

周―龍―雄―廷―二秀―救―應―恒（楝眞子）―政（平山）―了―乘―

能―住―寶清（家田）此代ニウ卿音字無篇ノ字一門ニ被定云々、宮―尙―郞―肇―通―

匡―當―昇―重―了―宋―重―享―晃―長―孝（宋―子）―

宏―鳳―養―曩―曾―貞（騰）―登（元喬）―香―立（元充）―康―永―

二乘―要―十―農―宥―龐―長（家田）―三能―汲―明―紹―

榮―三重―用―二應―二孝（梁又周）―業（元導）―杲―妙―廳（梁子）―惣（同）―二承（常盤）―

公―增（祐子）―名―三長（祐子）―性―僚（竹幸子）―二幸（竹）―二超―三承―興―四良（成―子）―

耀―明―紹―隆―二通（幸孫）―當―昌―堯（蒲生）―延―永―名―

淨―助―實―隆―龍―隆―信（賴子）―三行（賴）―相（同）―三堯（同）―慈（同）―

範（慈子）―三應（賴子）―円（同上）―生（田中）―奏（生子）―雍（等子）―寮（北僧子〔增〕）―豪―衆（平立子）―城（東竹）―交（竹證子）―

奝—《雍—子》　興—《享子》　昊—《立子》　昌—　賞—　兄《奏—子》

右清字、當官古今百九十人也、但此内未補之衆少々可有之、

祠官字未出記之

第一　曉《ケウ》アカツキ　暘《イヤウ》アキラカ ヒテル　晧《カウ》アキラカ 日出皃　曄《ヨウ》テル カヽヤク フルフ　曏《キヤウ》サキニ ツク　暀《ワウ》ヨシ

暠《カウ》シロシ アラハル　皦《ケウ》アキラカ　晌《せウ》ヨル 宵同　曈《トウ》日欲明　晈《ケウ》アキラカ　昉 同上

昂《カウ》アカル　暲《シヤウ》アキラカ　晎《キヤウ》日高　曜《ヨウ》テラス カヽヤク　昊《カウ》　晁《テウ》アキラカ

昶《チヤウ》アキラカ ヒサシ　曘《トウ》日色　昫《シウ》ヒカリ　日篇字盡之、

第二　朣《トウ》コエル　賸《せウ》アマサヘ マス　宵《せウ》ソラ　月篇撰之、

第三　俅《キウ》ウヤマウ　供《ケウ》トモ マウク ソナフ ヲ、ヒナリ ヤスシ　仍《ショウ》スナハチ ヨル ナヲ シキリ ツク 子ンコロ マサ　侊《クワウ》ヲカ　侑《ユウ》スヽム　佼《カウ》マシワル

(三七)

住《チウ》トヽ、マル スム　倖《カウ》サイハイ　佬《テウ》ヲホヒ也　人篇分、

第四　譝《せウ》ホムル ホマシ〔レ〕　訅《キウ》ヤスシ ハカリコト　註《チウ》シルス　讜《タウ》カナフ タヽ、シキコト　諿《シヤウ》トナフ ウタ　諒《リヤウ》マコト アキラカ ノフ

詔《せウ》ヲホせ ツク　講《カウ》カナフ ナラフ　誴《ソウ》ハカリコト　訒《せウ》アツシ カサナル ツク　言篇分、

第五　松マツ　様《ヤウ》サマ　梗《キヤウ》　床《シヤウ》トコ ユカ　杲《ヤウ》アキラカ　柱《チウ》ハシラ コトチ

杠《カウ》　校《ケウ》タクラフ カンカフ　東《トウ》ヒカシ　集《シウ》アツムル マトムル　木篇分、

第六　燿《エウ》カヽヤク ヒカリ　熠《イウ》カヽヤク　煌《クワウ》ヒカリ アキラカ　黨《タウ》トモカラ　火篇分、

第七　場《チヤウ》サカリ　境《キヤウ》サカイ　庄《シヤウ》ヲシヤ　土篇分、

第九　浩《カウ》オホイナリ ヒロウ ユタカ ハルカ　洞《トウ》ホラ　溶《ヨウ》水廣皃　淨《シヤウ》キヨシ　澄《チヨウ》スム

第十　皓《カウ》シロシ カヽヤク アキラカ ホトヒテ　皢《チウ》シロシ カヽヤク　皃《ハウ》カタチ カホハせ　皗《チウ》アキラカ

第十三　聕《カウ》ヨロコフ　暚《ヨウ》春也　第十四　聡《ソウ》ミヽ、トシ アキラカ ミル　聴《チヤウ》キク ユルス コトハル ウケタマハル　聦《ソウ》ミヽ、トシ　耿

第十八キウ久ヒサシ　第廿ヤウ揚アカル アタル　セウ扔ヨル　ホウ接トル　ユウ挹トル　シウ揫アツマル ツカヌル

カウ摼ツク　カウ挍トル

第廿三チヤウ廳マントコロ トヲサフライ　レウ廖ソウ　ホウ𢋁　シヤウ庠ハシメ ヤシナウ

第廿五イウ悠イヨヽ ハルカニ　チウ忠タヽ ウヤマウ マコト タヽシ　ソウ悰タノシム　立心分、　第四十二ホウ逢アフ

第四十三ユウ邑サト ハラ　ハウ邦クニ サカイ　ホウ酆　ラウ郎サト ミヤコ　ソウ鄫クニ

（三八）

第四十四ハウ隤アマリ ミツ　カウ陪ヲホユ　シウ隰サハ　第四十七テウ寵イツクシミ タツトフ　〔カカ〕□ウ向シヤウ マト ムカウ

第四十八ヨウ窈フカシ タヲヤカナリ　テウ窕フカシ トヲシ タヲヤカ　第五十一カウ顥アキラカ シロシ　チヤウ頂イタヽキ

ケウ顒ヲホイ也 アヲク クワタツ カシラ ウヤマウ　五十二ソウ轃アツマル ヤ　五十三ソウ層カサナル アキラカ シナ　チヤウ張ハル

五十五ヤウ羕ナカシ　五十八シヤウ裳モスソ　五十九シヤウ祥サイハヒ ヨシ

カウ祰マツル イノル　六十一ホウ珤タカラ　タウ瑭タマ　クワウ瑝玉聲　ヨウ瑶タマ

璋《シヤウ》アキラカ
瑯《ラウ》タマ
琮《ソウ》タマ
六十九 張《チヤウ》ハル
百七十三 孝《カウ》カンカウ タカシ ツカサ

埒《シヤウ》ヲモフ タスク ヤシナウ タテマツル 〔將〕
八十五＼賞《シヤウ》モテアソフ ヲモシロシ タマフ
棠《タウ》子ヤ アマナフ
掌《シヤウ》ツカサトル タナコヽロ タナラウ
䚻《クワウ》ヒカリ

⿰香合《カウ》カウハシ
九十二 篠《トウ》
九十三 納《ナウ》ヲサム イル、 タテマツル
總《ソウ》イワスル モロ、 ミナ ムスフ アツム スフル ユフ モトム

緟《テウ》マス カサナル タヽム
九十四 藤《トウ》フチ
九十八 敫《カウ》タカキヒト

⿰谷容《ヨウ》カサル
九十九 敞《シヤウ》ホカラカ ヒラク タカシ アキラカ
攸《ユウ》トコロ
汶《ユウ》同上
更《カウ》サラニ アラタム カハル

百六 敭《ヤウ》アカル
秋《シウ》アキ トキ
徵《テウ》メス
穠《テウ》コマカ アツシ
百七 竟《キヤウ》ワタル ツイニ キワム ヲハル コハシ
旁《ハウ》カタヽ ヒロフ カタハラ アマネシ ミチ
商《シヤウ》アキ アキナウ ハカル タツトシ ノリ 〔啇〕

百廿九 毫《カウ》フテ
効《カウ》シルシ イタス
百十八 寮《レウ》ツカサ
劭《せウ》ウルハシ
斎《テウ》ヲ、シ
彭《ハウ》ヲヽシ サカンナリ
套《タウ》ナカシ
牖《ヨウ》マト

（三九）

百八十六チヤウ暢《ノフ カヨウ トホル マサシ》　百九十三キヤウ京《ヲ、ヒナリ ミヤコ》　シウ就《ツク ナル》　リヤウ諒《マコト》

二百三シウ首《カシラ ハシメ》　シヤウ彰《アラハル アキラカ》　二百十六キウ及《ヲヨフ》　シヤウ嘗《ムカシ カツテ ナムル》

二百卌一ホウ報《ムクウ》　シウ執《トル マホル ムスフ》　タウ到《イタル》

玉篇　右文字、以玉篇見及分記之、或字㒵有思所、又訓音不祥〔詳カ〕之間、大概除之、今撰出分百六十五字也、根本之字定可在之、追而加校合可有用否者也、

（四〇）

御殿司補任事　号公達方

紀伊國下和佐庄河内國小一條庄

成眞　成清弟子、　法印、　山上淨行、　号東谷殿、　遺跡坊住、　建長二年十二月二日入滅、

紀伊國下和佐庄・河内國小一條庄、自成清法印承讓奉行之、和作〔佐カ〕庄者成清金剛峯寺・隨心院御在寺之時、割分庄内、修理僧食ニ被定、置文巨細見タリ、小一条者護國寺護摩支具料所見タリ、依其子細、金剛經和作御祈禱、藥師經小一条御祈禱、毎日轉讀之儀、空助被始置云々、

一専修弥陀院者成清本願之御堂也、建長六年造立之、祐眞奉行在之歟、當寺ヲハ世人曰上御所成清ノ御住所乎、昔祠官ノ坊ニハ必堂舎在之、朝暮懃行被修之云々、

一西谷殿ト申事者、馬場末塔本坊ニ令住給之時事也、此坊曩助法印奉行之時、野上顯雄御殿司、

平民

平民、令留主、俄嚓テ死去、依無遺言弟子二人所論、一人ハ惣新發意、一人ハ高年ノ弟子、融清當務之時、号無主之地檢析〔斷カ〕之、雖然於坊舎者東谷曩助當知行也、依之坊ト財寶トヲ被始之時世可然乎、曩助知行之、於坊者、融―被檢斷、仍阿弥陀院先年炎上之刻、彼坊舎類火之時、被加阿弥陀院之敷地了、彼住持等璝御房田中生清伯父有所望云々、

祐眞

幸清弟子、成―三代、大藏卿阿闍梨、号谷僧都、勅裁見タリ、後快清、又糅清、又賴承、又幸海、眞弟ニ山上淨行之時、号中谷殿、當寺之事也、報恩寺、成眞法印爲御弟子、補御殿司、

一専修弥陀院建長六年造新云々、前師成眞ハ建長二十二遷化也、然者承師命、祐眞奉行之ト覺也、又者祐清建立之歟、改

(四一) 猷承

順清子、光清五代、号治部卿阿闍梨、祐證、權上座、少別當、權律師、補御殿司、修理別當、安清ハ眞弟也、弘安元八月廿日死去、五十七、

頼猷　當清子、成—四代、小別當、御殿司、補法橋、法印、權少僧都、

昭眞　邦清子、成—四代、号按察阿闍梨、權上座、少別當、

宗眞　昌清子、成—四代、宗惠改、　御殿司、權少僧都、

棟眞　棟清子、成—四代、母攝津守幸親女、權律師、權少僧都、御殿司、　号高橋修理別當、權
別當、法印、　恒清ハ眞弟也、

耀圓　耀清子、成—四代、母明兼女、少別當、權律師、權少僧都、御殿司、乱行之間辞退所職、
爲繼之、外祖延村法印被敬〔殺カ〕害了、

棟弁　權眞（ママ）法印子、成—五代、權上座、少別當、權律師、山上執行、

經祐　堯惠子、　成—五代、少別當、御殿司、　号兵衛督落墮、

親惠　眞譽子、成—六代、法印、山上住、五智輪院々主、　延文五年五月十四日入滅之刻、不思
議惟多云々、魔道入給乎、於彼院家忌日追考懃行在之、調聲經脇札アリケリ、　鵄入堂内颶〔摑〕テ
飛去之、及曉園兵部令登山申、彼蒙出テ見ルニ、洗濯棹上ニ大鵄一在之、法眼ヲ此鳥見付テ、

羽ヲ上テ此經ヲ落テ去リ了、理趣經ヲ持參也、親恵在世ノ時令秘藏經也云々、又東寶塔院ノ前大ナル櫟アリ、光物此木ヨリ五智輪院ノ堂内ニ常出入云々、又脇息本堂ノ東廊ニ在之ケル、懃行時分人聲アリテ中ヨリ忽折レケリ、法印所意如何、此ノ儀時々推〔惟カ〕多ケリ、

（四二）

肥後國守山庄

禪祐

龍清子、成―六代、御殿司補、眞光院禪助僧正入室投華、令止住肥後國守山庄云々、

祐勝

尙清子、成―六代、母承清女房師〔帥カ〕局、法眼、直、法印、一山執行、

尙祐

尙清子、成―六代、母若宮巫女春松、自御殿司當職任、權別當、直、法眼、直、權少僧都、權大僧都、法印等者一職之間補任、

曩清ニ移テ別當檢校任平等王院門跡始也、入禪助僧正室、仁和寺方隨分之眞言宗也、善法寺本圓上人曰延文三年六月廿七日謁曩清法印、不動大事令受給之時、外相ハ俗塵之形儀雖有、憚内證相承之印明尤所貴也云々、

同五年十一十二逝去、　六十七歲、

（四三）

和作庄
小一條庄

眞助

曩清子、成―七代、大納言、住山上、御殿司任、法印、延文元年四月五日出家、戒師ハ執行覺延律師、山上平等王院於學修坊德〔得〕度、号東谷殿、當坊ニ居、領東谷遺跡坊舍了、和作・小一条知行之、世間合期之仁也云々、

尚助

曩清子、　成―七代、元祐助、住山上、十八道ノ間任御殿司、歳十八、社務、曾清承眞助法印讓与報恩寺移住云々、權大僧都、法印、隨分之行者也、鈴子二振切之、毎日光明眞言行法、散念誦ニ亡靈一人別ニ廿一篇充唱、七十餘人云々、功德莫（ママ）ナル乎、

曩助

曾清子、　成―八代、學修坊ニ居、号東谷殿、御殿司任、法印補、然應永十七年比、依惡名露顯被停一職了、和作・小一条奉行之跡、承眞助法印、小一条庄ヲハ山井禪尼ニ沽却也、宋清母遺跡ヲハ、　御殿司榮仲律師ニ、　三百疋八和利ニ借用之、　重而二百疋以用途永代之放券遣之、　日本一之無正躰云々、　但臈清加計略、　榮仲所從阿子法師、小力者也、号計清、　相語、密彼放券狀ヲ召出被放火了、　彼坊ヲ近代字改正放券、當于斯時失了、　榮仲其後以判寄可正本也、　榮仲法印、于時御殿司一臈、不出、兵部卿、　彼師仲尊、榮仲弟子五師大輔自仲尊方買德之、　曩助ヨリ四代目、

（四四）空助

永清子、　成―八代、　母同乘清、　任山上、　戒師尚助法印、　法眼、直、　權少僧都、　權大々々、法印、　御殿司職任、　居東谷号新勝院、　移中谷号報恩寺、　承尚助讓早、　法眼之比東岩藏上人增賢入室、　在寺修學在之、　同奉授金剛王院方流、　後入善法寺聖明室入壇了、　次承觀智院宗海命恩、　同流極渕底了、

小一條庄

下和作庄

（四五）

一永清逝去之刻、乘清山上居住之望在之、空助清千代、音職也、永清跡可被相繼之旨、所論雖然、空助依無承引、終乘清爲一跡相續之、就中永清法印善法寺門跡得替以後令和睦、自了清權少僧（ママ）之數ヶ所庄薗被渡付之内、康曆年中ニ清千代丸讓与之一紙在之、但先師曰、當方門跡没落者、通―・康―依兩亭之儀也、雖爲慈父之計、不可然トテ、永―讓与之所々乘―ニ悉渡付之、可被一所割分申談之、先爲稽古岩藏暫住、既被補御殿司職、住新勝院、東谷、湯屋坊、改岩坊、違背前物（ママ）、自乘清先師ニ無割分、空助曰、然者任永―讓与狀、所々可知行旨、既可達上聞云々、勝定院御代、東岩藏本初院口入瀧瀧房、庄〔〻内〕内五名割分讓与、又有松名ハ五名之外也、是ハ任永―所分知行之合、号料所方、自先師空助、空円相承之、爰一乱之刻、广仁、新善法寺宥清号有畠山右衛門佐義就、同意、爲柳原享清、善法寺、就門跡被申給之、依爲一庄同時ニ料所方令不知行云々、不運之至也、

一小一条庄者、爲成眞法印遺跡領、東谷門跡奉行之地也、然而曩助令沽却山井禪尼聖光、仍酬恩寺了尊讓与之處、先師任元亨院宣之旨、歎申之拜領、勝定院殿始御代、

一下和作庄事、号無主地、五智ロ輪院仲快法印歎申給之間、任由緒旨、當庄并聖教等、曩助法印先師ニ被去渡云々、證文分明也、兩庄者自新勝院移當寺儀也、於料所方者、新勝院任御知行也、

一本堂及大破悉修理之、護广〔摩〕所并三間座敷等一棟新造之、當南方五間座敷以下都合七間半一

宇興行之、堂西當時綱所ノ西方ニ、十坪計元雜舎ヲ壞却、四十坪計新造如此、一院種々興行、庄薗御沙汰非一、

了尊　○尼ハ師ノ上ニ重書ス　岸本郷　木代庄

了清子、　成―十代、戒師鹿菀院殿、戒御布施万疋進上之、山井聖光禪尼沙汰云々、少別當、法眼、直、權少僧都、權大々々、法印、御殿司任、　西谷酬恩寺令再興居住、燒失後中谷杉本坊ニ移住、越後之所帶岸本郷ハ於西谷之知行之、於杉本坊者法通寺・木代庄内小松計知行也、此外ニ散在田地土貢万疋餘在之、是ハ酬恩寺炎上之刻、悉中納言昭淹押領之、長清子依此田畠ハ山井禪尼買得之、了尊讓与、無理押而昭淹押領之云々、連々皆悉沽却、四郷中神人買得之、
一言〔最カ〕初入岩藏增賢上人室受法、後ニ於實照上人下四度水丁在之、傳法灌頂兩度之、
初酬恩寺　受者尊憲　入寺定俊
　杉本坊　受者空円　御殿司照尊
一童躰之時北山鹿宛〔菀〕院殿御覽祇候、北山塔供養ノ時供奉、
一公方御祈禱愛染諫〔護カ〕广、於西經所四季被行之、勝定院殿御代、農―代、

(四六)　空圓

要清子、成―十代、戒師空助法印、御殿司、空聖、改、少別當、法眼、權少僧都、權大々々、法印、先入寶嚴院生清法印室、遂四度加行、地藏院方、次了尊法印受職水丁、次謁實禪上人、重々大事遂瑜祇、剩寫瓶狀拜頂、承西院方四度印可等了、又宗杲僧正遂印可、善法

寺憲深方也、

一先師空助、譲与給所々事、料所方、

小一条庄・下和作庄田一町六反・幸守僧都田畠八反・宗覺法印田畠三反、専修寺被寄之、

専修寺号上御所、賞禪譲与、奉行之、但空円ニ返給之ノ書狀在之、高野山ニ隨心院依由緒奉行之、承命、

一一乱刻料所方享清押領之、下和作庄、山崎惣中申信之、剩在所避狀沙汰之、但申返也、

一寺田一町六反ハ、當寺住僧印忠先師御弟子、予若年後見、放遣之了、

一慈父要― 卌三廻曼荼羅供遂行、文正二丁亥七三、空円四十四、職衆十口、御殿司、但此内公達三人、

一先師三十三廻七晝七夜不斷光明〔眞〕言會修之、如西大寺、在音梁〔樂〕、

八万四千本率都婆造之、同年十月廿八日、

以上三ヶ度會式、

一應仁三年己丑三月十六日、房―、木―、傳法水丁執行、初日受者円秀、十七日尊譽、職衆、公達三人、親藝、尊能、空孝、入寺幸

增僧都并當寺弟子分等、

一長享二年戊申十月十八日、鬼―、金―、傳法水丁執行、初日空澄法印、後日円惠大法師、職衆、兩日一人充公達、尊能、空澄、近

年江州在、東〔寺〕□門流、重衆三人、當弟子等、

（四七）尊憙

長清子、成―十代、戒師了尊法印、少別當、法眼、直、權少僧都、權大々々、法印、

一於西谷酬恩寺入壇、四度加□〔行〕等受了尊、

中振郷地頭職

一中振郷内地頭職長―讓与、
一酬炎上以後、了尊相共中谷杉本坊居住、御殿司補任、農―代、
一了尊、入、正月三日、
一尊憙ハ空円ヨリ雖爲上座、入職次第記之、
宏―子、成―十二代、戒師尊憙法印、尊通、改、自少別當社官、至法印、如賞之、

尊能

（四七丁裏・四八丁表空白）

（四八）

一酬恩寺一跡相承於承了尊、但讓与狀者尊憙法印被沙汰早、杉本坊ニ住、

河内國法通寺
木代庄小松名
中振地頭方
近江國岸本郷
南都天形院

一河州法通寺・木代庄小松名・中振地頭方等當知行、
一江州岸本郷一比安堵、無程花頂被申返了、此時節小松名沽却之、同地頭方可然田地大略抜賣、六十五貫文渡之、當時十餘貫云々、此兩庄如此成行事者、法通寺庄南都天形院及違乱之間、沙汰用途失墜了、

楠葉土倉鶴原

一法通寺者天形院申給了、地頭方ハ一庄中百姓等買得之、小松名者楠葉土倉鶴原買得之、酬恩寺屋敷同堂谷藪以下同買券之、

山城國薪庄（四九）
近江國北郡

空孝

一地頭方如形相殘、薪住人入借錢、既令流之刻、新勝院空孝自尊能相承之、同住坊等、
一酬恩寺一跡就難立、自尊能種々在契約之儀、空孝相續之刻ヨリ、江州北郡止住、次菅山寺學修坊住、号威德院、
一入實禪上人室、四度所渡遂水丁、又就宗杲僧正印可、
一了尊法印三廻ニ曼供懃修之、大阿宗杲法印、大事初也、□同七廻結縁水丁興行、大阿同上、

要―子、成―十代、戒師空円、四度入壇、實禪上人、自少別當至法印、昇進如常、
一御殿司任、農―、當寺乍居号新勝院、後移杉本住坊、酬恩寺一跡相續之、故世人号杉本坊、
一中振鄉地頭職相殘當知行、此外ハ一職德分計堪忍、種々雖有計略、酬領一所無安堵、

（五〇）

空澄

農―子、成―十代、戒師空円遂四度加行授与、少別當、法眼、直、權少々々、權大々々、法印、御殿司補任、宥―代、号般若院、

（五〇丁空白）

（五一）

有清

円世子、光―八代、竹增―五代後胤、增―ハ寂―子、寂ハ成―兄也、御殿司補任、
公達方清字、有清計也、

仲快

常清子、　勝―十一代、号五智輪院中將、少別當、法眼、直、權少々々、權大々々、法印、
前院主、院家再興酉酉光大院入受法、
一傳法水丁被行之、受者融濟、
一千日護广〔脱アルカ〕箇度懃修之、本寺ニモ稀也、長日隨分行者也、
一三寶院於當宮仁王大法之時、聖天供被行之、

融濟

融―子、勝―十二代、戒師三寶院義賢大僧正、自少別當社官至法印、補任如常、
一三寶院義賢准后　當宮仁王經大法之時、伴僧參懃、普廣院殿御代、持氏御對治御祈、　永享年中也、今度平民領家被分之處、酉酉衆之座下著、空円見及之了、非本云々、

足利持氏對治御祈

（五二）房濟

融清子、　勝―十二代、戒師三寶院義賢准后、昇進之次第如常、
一四度義賢奉受之、同入壇、
一五智輪院一跡、自融濟法印雖無讓与、依無人躰相承之、
一自中谷上櫻井坊横坊南也、買得之、當時加坊内之、令燒失時、以餘煙當院燒了、但本堂計相殘了、
一結縁火〔水カ〕丁料田万疋計、在之、每年八月八日昔被行之、円忠、号法乗院、親惠法印ノ時代儘在之乎、慥不知之、爲坊舍興行并若宮八講頭要却以下ニ、件料田悉沽却之、

一本堂受〔愛カ〕染供毎日二座在之、當時退轉之料所雖在之、依負物貢（ママ）米不致運送云々、毎月顯蜜〔密〕懃行數ヶ度在□〔之〕、有名無實式也、既朝暮不分明、同宿無一人之故也、

親藝

照清子、　勝━十一代、戒師融濟法印、昇進之次第如常、

一房濟他界之刻、院主職被申置之云々、金剛喜院敎濟雖在之、金剛界儘被受房濟事、議不叶之間無續也、

右筆實家

于時永正十二年五月　日、以西竹殿御本寫之早、不審雖多本儘書寫之、

（五五）

小串立物之事

一花ハりんを面に立、　一木葉ハ向を面ニ□〔立〕、

一馬くつらを面ニ立、　一扇ハ中ほね一立、

一たゝみ扇の時ハねこハを立、

一四はん立くし、四すんうすおしき四分一とちめ上立、

一　四はんたけ七つへ、　一はり物九つへ、

一　しんとうたけ十二つへ、

一　軍陣之筒衣・四野袴、或腰小旗なとたつトキ、如常刀を我□〔前〕へ不可行之、刀を向へサキヘヤリテタツヘシ、又縫事も如常スソヘリなと内へこしへまくりて不可縫也、ソトヘマクリテ縫事也、可心得事也、

一　こし寄事、こしの右ヲ上ト寸、又イエ造ニヨリテ、妻戸ノテウキコシノ左ニ成様ニ有也、其時ハテウキ本トス、故輿之左を上トス、左者當所ノ用處吉なるへし、

一　嫁迎之時ハこしヨせ、白ヒタ、レ大口精好を可用、練大口を着テ參事不可然也、其故ハ練大口サヤメキテ御衣ノ音ニマカウ也、又御出有様御こしヲ參するニハ、刀〔力〕者雨落ノキハニ御こしかキテ立也、こしヨせヨリテ、御エンノ長エンニ手ヲソツトカケテ、礼ヲスルヤウニシテ上ヘアカリテ、御コシノ長柄ヲ取テサシヨリテ御妻戸ヲ押タテ、、ウシロヲ妻戸ノ方ヘシテ畏ヘシ、メサレタルトキ御こしヲホト〱トタ、カル、、其時御こしノ長柄ヲ取テ刀〔力〕者ニ渡申、刀〔力〕者請取て御ツナヲかくるホトハ、、エンノキハニウシロヲ妻戸ノ方ヘシテ畏也、又内へ御入ノ時ハ、屏中門ノ戸ニ御こしヲカキテ刀〔力〕者立、先一人タイ松ヲウチフリ、こしヨせノアタリ〔ヌリ〕ノ庭ヲ走マハリテ

（五六）

見テ歸ル、ヒヤウシヲ踏テ雨落ノキハヘ參立、役人シッ〳〵ト歩ヨリテ、前ノコトク成礼、〔力〕上ヘアカリテ御こしヲヨせ申也、ヲリサせ給テ後、御こしヲタ、カル、トキ、又刀者ニ御こしヲ渡、如以前畏也、

一　太刀ヲ引樣ハ、二ノ足ノ内ヲトラウヘシ、人ノ前ヘシテ左ノ膝ヲ立テ、太刀ノ柄ヲ立テ、我左ノ手ニテカフトカネノ本ヲ押エテ、ハノ方ヲ引手ノ方ヘ向樣ニシテ、人ノ左ノ方ニ置也、ヲヒトリヲ太刀ニシカせヌ事也、

一　同丸〔胴〕ヲ引事、引手ノ前ヘ向樣ニ、わタカミヲ左右ノ手ニテ取、人ノ右ノ方ニ置也、置サマニ我左ノ手ニテトラヘタルわタカミヲサキヘマわシテ、我右ノ方ヘヤレハ同丸人ノ前ヘ向也、是モヲキサマニ左ノ膝ヲツキテ、草摺ウツクシクヒロカル樣ニ置ヘシ、

一　太刀同丸ヲ引ル人、持テ立樣ニ左ノ膝ヲ立テ、右ノ手ニテ太刀ノ足ノ間ヲ取テ、柄《ツカ》ノ方ヲソラヘ立テサマニアケテ、サヤノサキ我右ノヒタ、レノ袖ノ下脇ヘ成テ、サテ同丸ノわタカミヲ兩方ヲ左右ノ手ニテ片〳〵ツ、取テ、右ノ手ニテハ太刀ニわタカミヲ取クスヘシ、サテ立出也、又只太刀ヲハ引テヲキツマミ、我左ノ手ニ取テ、同丸ノわタカミト取ソヘテ立事モアリ、

一　男ノ、リタルこし、或ハ堂宮ノ前、或ハ人ノ屋形ノ前ニテヲリラル、トキ、こしノ左ヘ寄、右ノ手ニテこしノ長柄ヲ押テ、左ノ手ニテ逆手ニ簾ヲ取テこしノ上ヘアクルナリ、又めしタルトキヲロスニハ、スタレ右ノ手ニテヲろス也、

一　こしノトモニテモ、又馬ノ共ニテモ　馬ヨリ下テハ、タシニテアルヘシ、中間ハモノヲハク也、

一　馬ウチノ事、車ハ右を上トス、馬ハ左ヲ上トス、先陣ハ跡、後陣ハ前ヲ上トス、御車ニチカキニヨリテ也、こしノ馬ウチモ車ニ同、

一　こしニテモ、馬ニテ御共ノトキ、馬打ノトキハ五段去共、又七反キリ共申、乍去時ニヨリテサシハカライ、見好様ニ在ヘし、

（五七）
一　伴ノ人トシノ馬打ノ間、サキ成人ノ馬ト我馬トノ間ニ、馬一疋立程置テ可打、乍去川ミソ又シルキ所ヘ馬打入時ハ、引かヘテサキ成馬ニケアケノカヽラヌ様ニハカライテ我馬ヲ可打、

一　我主ト同等ノ人ノ馬ニテ行逢、物ヲモ云、又或代モアレ、其ほとハ伴ノ人馬ヲソハエ打ヨせテヘシ、又人ニヨリテ騎馬ノ人下ル事モアルヘシ、ソレハ兼テ定カタシ、時ニヨリテ可振舞、

一　又馬ヲ打ヨケテ人ヲ通ス事、人ヲ我左ニナス様ニスヘシ、

一　海邊ナントニテ鷹スエタル人ニ打逢タラハ、其人ノ妻一成様ニ馬ヲヒカエヘシ、其故者ウノ前鷹ノ後トテ不通事也、

一　鷹ツカウ所、同鷹スエタル人ニ下馬、河狩堤坳ホリ下馬、

一　簗之事、面三町之内下馬、簗ヨリ下ヲ引下テ可渡、若水深シテ乗テ渡ハ、向ニテ下引せテ余所ニてノルヘシ、

一　ツホサルカクトキ、懸物せラルヽ時、エンノキハヨリ三足前へ歩出て可待、猿樂舞臺ヨリ下テ給ル、

一　刀ヲ引出物ニ進ルニハ、サケヲ、一わケシテ刀ノクリ方ノ間ニ取そへテ、太刀ノ様ニシテ人ノ左ニヲク、是ハはノ方ヲ人ノ方へ向テ置也、ソレヲ取人左ノ手ニテ、不知様ニテハヲ外へ向ル也、但所ニヨリテ可沙汰、一篇ニ心得ヌ事也、

一　鞠取サヲノ事、一丈五尺ニ切テ、上一寸下一寸ニキル也、

一　鞠取テ進スル事、懸ノ外ヨリ内へコロハカシ入ヘシ、ナケ上ル事不可有也、

一　棟上移徙ノ時、馬ヲ引ニハ栗毛・雲雀毛努力不可引、是ハ火性ノ馬ナルニヨリテ也、

一　膾ニ切かけノ魚ヲハ盛テ進ヌ事也、古今毒害ヲスルニ切懸ノ魚ニ入也、

（五八）一　笄ヲ盛テ進スルモ、ウツフせテ盛サル也、同前、

一　尻縄ノ長二丈三尺ヲ本トス、二重ニ取テ二丈三尺ノ物ヲ一丈也、今三尺ヲ二重ニナせハ一尺五寸也、ソレヲハ手縄ニスル也、能々心得給ヘキ也、

一　唐笠袋ノヒリヤウノ寸法事、八尺ノ笠四尺二寸、袋ヲ七尺ニヌイテ、辻ノユイヌヨ《ヲ》リヒリヤウ出事一尺八寸、ユイヲノヒモハ一寸二分長一尺五寸両方ヘサクル、い《と》まとめとのぬ一尺ノコルヲ持テ軒ワヲとむる也、若フスマノせんしからむる人ノ笠ヲハ、ヒリヤウヲトキテヒホヲサケヌ也、心得ヘキ也、

一　鞭ノ尺ノ事、長鞭と申ハ五尺二寸、取柄ヲ八寸ニク、ム、取柄ニ口傳アリ、カミニ鞭ハ二尺二寸、取柄六寸二分、是ヲハワケ鞭トモ、又ヨエノ鞭共申也、タウサノ鞭ト申ハ二尺五寸、取柄五寸五分、手ノ内ノフチ三寸五分、

一　梨ノ包丁ノ事、輪切ニスヘカラス、立様ニヘキテ枝なから參スヘし、口傳在之、

一　敵ヲ討ニ行時酒ヲ行作法、
軍場出ニモ、敵ヲ討ニモ、必マツ酒ヲ進ヘし、酒ハ人ノ性ヲサトクナス、人ノ心ヲカウニナス、故ニイサメル道ニホコル物ナリ、只毎人酒ヲ呑トハカリ知テ、飲様ヲ不傳而不知、其様ハ瓶子ニ酒ヲ入テ、茅之ハヲ三ハ末ヲ結テ瓶子ノ中ニ入ヘシ、肴

ニハ搗栗ト打鮑ヲ可用、栗ヲハ左、鮑ヲハ右ニ可置、東向可置、軍神奉向躰也、南無九万八千軍神、二千八百師、天等哀愍納受給へ、此頌文三反唱曰、我レ此敵ヲ打
(五九) 鮑、軍ニハ搗栗、此勝利ヲ酒エテメせ、咒曰、

唵婆謝曩宇伽陀留尒娑婆訶、

其後茅ハヲ以三度灑、彼大將ヨリ始テ次第ニノミ下ヘシ、茅ハ吉祥草ト云々、赤蝦クウ様、先ホソキ方ヨリ食テ、ヒロキ方ヲハ後食也、是ハ敵ニ向心細シテ强様ナレ共、打勝テ后ヲ心廣吉祥ヲ表ス、打鮑モ少ミヽノ方ハわるし、フクラミハアチワイモ能持故ニ、如此スレハ其ノ軍勝也、若女ニアイタラハ切ルマネヲスヘシ、

一 旗差落馬吉凶之事

軍場へ打出時、旗差ノ弓手へ落ハ吉祥事也、馬手へ落ハ凶也、是ヲ違ル次第ハ、弓ノサキニ弊〔幣〕ヲハサミテ未申ノ方ニ向テ唱、南無仙知那樓帝娑婆訶、コレヲ十反唱テ、轉法論ノ印ヲ結テ頂上ニハ散スヘシ、惡事盡轉シテ吉事ト成秘印也、

一 弓折反リ絃キル、吉凶ヲ知事

弓ノ鳥打ノ上ヨリ折ハ普通之事也、弣ヨリ下へヲルヽハ惡也、ソノヒノ軍ニ負テ打ル、也、又弓ノ反ニ外へ反ハ吉也、内へ反ハ惡也云々、又ツルノ切ル、ニ、サクリ

ヨリ上ノ切ハ吉也、下ヨリ切ハ悪也、

一　戰場ニ出ル時、家ヘ中ニ鼻ヲヒル者アラハ可死一生也、但其時靈鳥トヒ來トヒ渡ハ目出度瑞相也、

石清水八幡宮祠官要略抄紙背文書

二二七　善法寺領近江國愛智郡岸本郷名寄帳（前後闕）

○錯簡闕佚アリ、今一部ニツキ錯簡ヲ正スモ他ハナホ検討ヲ要ス、

（六〇）　合

円　佛　名　一　円佛名

本田	七段三百十五歩内「六」半弥九郎名コス ノコル七段小十五歩	分米二石三斗六升五夕
本開	一反三百五十歩	分米五斗九升二合
新開	一反小十五歩	分米四斗一升二合七夕
大番	一反六十歩	分米五斗八升三合七夕
本石別	一反半	分米一石五斗
御石別	五段	分米五石三斗

以上十石七斗四升八合九夕

半分五石三斗七升四合五夕

大進名
岩本名
正心名
トラキク名
善正名
角名

伍石三斗七升四合五夕　自名
二斗四升九合二〔×夕〕夕　大進名
五斗六升四合三夕　岩本名
一斗五升　正心名
二石六斗四升七合九夕　トラキク名
五升　正法アン
一石二斗三合　善性名
二石二斗五升六合四夕　かうはんあん
一石六斗二合九夕　りさうあん
以上十四石一斗一升八合二夕

七斗五升　御石別免
六斗三升七合五夕　開不
二斗二升五合　ハタリ　ハウハン
七升五合　アナムシソ
五升　シヤケンチヤウ
一斗　ミソノロ
十四石六斗六升　納分
以上十六〔×五〕石四〔×七〕斗九〔×四〕升七合五夕此内
二石三斗七升九合三〔×五〕夕
過上十石六斗二升九合三夕
＼二石二斗八升角名コス
ハコル過九〔×四〕升九合三夕

（五九）
南清水郷

一　南清水郷
＼一　ほうりん坊

一＼本開　半　　分米一斗五升　半七分升五合
衛門五郎
本石別　一反　　分米一石
半分五斗　　四斗七升五合　納分
二升五合　御石引〔別カ〕免（以下コレニ同ジ、略ス）

一＼衛門二郎
御石別　一反六十歩　　分米一石四斗
半分七斗　　五升　免
六斗五升納分

一＼西かりや　代円仏
本開六十歩　　分米五升
半分二升五合　　納分

一＼ゐこ衛門太郎
本石別　一反　　分米一石
以上一石　　二升五合免

一＼妙連　　半分五斗　　納分四斗七升五合

（五八）

松若名

本田＼　九十歩　松若名コス　　分＼米八升

御石別　一反小　　分米一石七斗

以上一石七斗八升　　八斗五升納分

半分八斗九升　　歹＼四升　新方より納へし

長村郷

一　長村郷

一＼ませ山方

新田　一反半　　分米三斗二升

本田　一反〔×半〕　　分米四斗五升

新開　一反九十歩　九・　　分米三斗七升五合

以上六斗二升　　一斗五升　　開不
半分三斗一升　　■斗五升　　定不
四石四斗五升四合納分

（五六）

以上四石六斗五升四〔×九〕合
三斗一升　　自名
岸本名　　四石二升六合四夕　　岸本名　　＼未進三斗一升九合四夕　　納分
禪林名　　六斗三升七合　　禪林名
以上四石九斗七升三合四夕
一＼衛《カチ》門二郎
新開　　小　　分米一斗　　五升納分
一＼道かう
御石別　　一反　　分米一石　　四斗五升五合納分
半分五斗　　免七升五合
道くわん名　　一＼道くわん名

新開　六十歩　内卅歩定不
　　　　　　　歹卅歩　分米二升五合
　　　　　　　　　　　半分・一〔×二〕升・一〔×五〕合五夕　納分

一　地蔵田　代左衛門五郎
新開　大　分米二斗
　　　半分一斗　代納分

連　花　寺

一　連花寺
本開　小　分米一斗
本田　小四十七歩　分米一斗五升四合

（五七）

新開　百歩　分米八升五合
　以上三斗三升九合　五升　かてう米
　半分一斗六升九合五夕　七升五合　かんちやう米
　　　　　　　　　　　　四升一合五夕　新開不
　　　　　　　　　　　以上一斗六升五合五夕

未進四合コウタウ過コス

一〵　こう堂

本田　二反大卌歩　　分米八斗八升

本開　八十歩　　分米六升七合

新開　一反半十歩　　分米四斗五升八合五夕

以上一石四斗五合五夕　二[redacted]斗　二郎太郎ツノリ

半分七斗二合八夕　二斗　大般若斷

一升二〔×五〕合五夕定不

三斗　二郎太郎ツノリ

二斗　大般若斷

一升二合五夕　定不

七升五合　わうはん

一斗五升　新開不

以上七斗三升七合五夕

過上三升四〔×五〕合七夕　内四合連花寺コス

（二三七）

ノコル三升七夕法善コス

一＼法善衛門

本田　卅六歩　分米三升二合

以上三升二合　コウタウマエコス　一合三夕納分

一＼三郎二郎

御石別　一反　分米九斗

半分四斗五升

（五五）

一＼阿ミた堂

本田　一反　分米三斗二升

半分一斗六升　納分

小池郷

一　小池郷

一＼法徳

本田　二反十歩　分米六斗四升九合

七斗五升納分

新開　一反　分米三斗

過上二斗七升五合五夕
タウカウノ月公事コス

以上九斗四升九合
半分四斗七升四合五夕

一＼衛門三郎
御石別　一反　分米一石
半分五斗　納分

一＼南方
本開　小廿歩　分米一斗一升七合
新開　三百四十歩　分米二斗八升三合六夕
六升六合五夕定不
以上四斗六夕　納分

（五四）

一＼卿公代彦五郎
一升五合免
六斗〔×升〕五升〔×合〕二合納分
以上

一＼道ゆう
新開　大　分米二斗

半分一斗　半分一斗　納分

一＼衛門太郎
新開　六十歩円正マエコス　分米五升
本田　二反十歩北兵衛衛門九郎エコス　分米六斗四升九合此内一反分井料
本田　一反　分米三斗二升
御石別　一反小　分米一石五斗
御佃　九十歩　分米五斗
＼以上二石六（六）斗四升九合　二升五合御佃免
以上三石一〔×一〕升九合　一斗二升五合　定免
半分一石五斗七合五夕　七升五合　ハタリ新開
一斗六升　井料
五升　御石別免
納分一石四斗一升
以上一石八斗四升五合
過上三斗三升七合五夕　内二斗五升歹月公事米コス

○五四丁末尾空白アリ

〆八升三合過五郎月公事米コス

（五三）

御石別　二反　分米一石二斗　一斗免
　　　　　　　半分六斗　五斗納分

一＼弥《タコ》二郎（代圓弥）　御石別　四十歩　分米一斗
　　　　　　　半分五升　納分

一＼五郎二郎衛門
　　　　　　　内一反本井料

本田　二反卅六歩
　　　　一反井料
　　　〆ヽ一ヽ反ヽ卅ヽ六ヽ歩ヽ　＼六斗七升二合
　　　〆一反卅六歩　分米三斗五升二合

新開　一反六十歩　分米三斗五升

御石別　二反小　分米二石

本石別　一反　分米一石

御佃　九十歩　分米五斗

＼以上四石五斗二升五合　一石五斗五升納分

以上四石二斗二合
半分二石一斗一合

半分二石二斗六升一合　六合三夕　定不
一斗五升　御石別免
一斗二升五合　御佃定免
二升五合　御佃免
三斗　かりや免
一斗六升　イレウ
以上二石三斗一升三合
過上五升二合
月公事米コス
以上二石一斗五升六合三夕
過上五升五合三夕
月公事米コス

（五二）
一　かちゝて
御石別　一反
御石別免一斗二升五合
分米一石三斗

一＼　浄金衛門太郎

御石別　九十歩

半分〔×二〕六•六斗五升　納分

分米一斗五升

半分七升五合　納分

一＼　弥六今力圓

「本開　六十歩　分米五升」

新開　三百歩　分米二斗五升

本田　大　＼分米二斗一升四合

＼御石別實藏坊コス　分米一石二斗

以上五斗一升四合

半分二斗五升七合　納分

二尊寺

一＼　二尊寺

本開　小　分米一斗

新開　一反大　分米五斗

御石別　七十二歩　分米一斗二升

以上七斗二升

半分三斗六升　納分

（五一）

一＼妙かう　四斗五升　納分

御石別　一反　分米一石　五升　免

半分〔×四〕・五斗

一＼形部太郎　御石別卅六歩　分米一斗

半分五升　納分

一＼あせち殿

本田　小十二歩　分米一斗一升七合

大番　小十二歩　分米一斗八升三合五夕

以上三斗五夕

半分一斗五升三夕　納分

一＼左衛門二郎衛門

本田　百五歩　分米九升四合五夕

御石別　一反卅六歩　　分米一石五升
本石別　一反小　　分米一石三斗
(×二)
・一斗免御石引
以上二石四斗四升四合五夕　一斗ヨコイノツノリ
(×三)
半分一石二斗二升二合三夕　・以上二斗二升五合
納分一石二升二合三夕

一＼弥太郎
本田　百十四歩　　分米一斗二合六夕

(四六)
本石別　一反　　分米一石
以上一石一斗二合六夕　　五斗納分
半分五斗五升一合三夕
未進五升一合三夕　切出

一＼《ツル》衛門
本石別　一反半　　分米一石五斗

御石別　半　　分米五斗

以上二石

半分一石

百済寺

一＼百済寺惣■地蔵田　代弥左衛門

本田　二反八十歩　分米七斗一升二合

大番　一反　分米五斗

以上一石二斗一升二合

半分六斗六合

曹源寺

一＼曹源寺　代弥四郎

本田　一反小十八歩　分米四斗四升三合□〔二カ〕夕

本開　二反小　分米七斗

（四三）

新開　五段小　分米一石六斗

御石別　卅六歩　分米五升

以上二石七斗九升三合二夕

一＼平井《ママ》左衛門太郎　　　　　半分一石三斗九升六合六夕
本田　　二反　　　　　　　　分米六斗四升
　　　　　　　　　　　　　半分三斗二升　　　納分
一＼馬二郎
新開　　小　　　　　　　　分米一斗
　　　　　　　　　　　　　　　　　半分五升　　納分
一＼中内弥九郎
本石別　一反　　　　　　　　分米一石
御石別　一反小　　　　　　　分米一石三斗三升三合四夕
　　　　　　　以上二石三斗三升三合四夕
　　　　　　　　　半分一石一斗六合七夕　納分
一＼法あミ衛門太郎
御石別　四十歩　　　　　　　分米八升
　　　　　　　　　半分四升　　　　　　納分

一＼　弥五郎

（五〇）一＼　南方

本田　　七十歩　　　　　　　　分米六升三合

本開　　六十歩　　　　　　　　分米五升

　　　　　　以上一斗一升三合

　　　　　　半分五升六合五夕　　　　納分

示現寺

一＼　示現寺

本田　　八十歩　　　　　　　　分米七升二合

新開　　大四十二歩　　　　　　分米二斗三升五合七夕

　　　　　　以上三斗七合七夕　〔×二升〕•五升　不

　　　　半分〔×二〕•一斗五升三合六夕

一＼　井子大夫

御石別　九十歩　　　　　　あれ

本田　　三反半　　　　　　分米一石一斗二升

西　川　名

本田　三百卅歩　元西川名　分米二斗九升五合

以上一石一斗二升

半分七斗〔×升〕七合五夕免スル

一＼せと道くわん東てう

本石別　大　分米七斗

本田　卅歩　分米二升七合

御石別　一反　分米一石三斗

以上二石二升七合

半分一石一升三合五夕　納分

（四九）

一＼　樂就

本石別　一反　分米一石

御石別　一反小　分米一石三斗三升三合四夕

以上二石三斗三升三合四夕　御石別二反免

半分一石一斗六升一合七〔×九〕夕　一斗五升

一＼道金
新開　五十歩　分米四升二合五夕
御石別　一反　分米一石
以上一石四升二合五夕
半分五斗二升一合二夕　納分

西川名

一　西川名
本田　一反小廿二歩
内三百卅歩井子大夫コス
歹小五十二歩　分米一斗五升三合
（四七）
本石別　半　分米五斗
御石別　半　分米五斗
以上一石　半分五斗　七升五合　御石別免
四斗七升五合　納分
過＼上五升内
二＼升六合口入
殘＼二升四合返

一＼　源内

五斗一升納分

御石別　一反七十二歩　分米一石一斗二升

半分五斗六升　五升免

一＼弥二郎《カウス》　〔×御〕・本〔本〕石別　一反　分米七斗　半分三斗五升

一＼衛門四郎《イシツル》本石別　一反　分米一石　半分五斗

内ヒコ五郎一斗六升五合納分

一　ヒ物　御石別　小卌六歩　分米三斗八升三合三夕　二升五合ヒモノ

孫左衛門殿ヒコ五郎　半分一斗九升一合八夕　一合八夕

一＼左《ミツ》近《シキ》

新開　六十歩　分米五升

本石別　半　分米五斗

以上五斗五升

半分二斗七升五合　二斗六升五合納分

未進＼一升　切出

一＼衛門《キとほ》九郎

御石別　三反　分米二石九斗

本石別　一反　　分米九斗
本開　　十歩　　分米八合五夕

以上三石八斗八合五夕　七升五合免引
半分一石九斗四合三夕　一石八斗二升八合五夕納分
以上

（四八）

一＼弥二郎《道實》　御石別卅六歩　分米六升
半分三升　　納分
一＼衛門三郎《コホシ》
本石別　小　　分米四斗
御石別　小　　分米四斗
以上八斗内　　二升五合免
半分四斗　　三斗七升五合納分
一＼左近《ハチ》　御石別　一反　　分米一石　　五升免
半分五斗　　四斗五升納分

一＼弥五郎《うこ》　御石別　卅六歩　　分米五升　　半分二升五合　納分

一＼□〔イカ〕シ彦三郎（上ノ三郎二郎）　御石別　九十歩　　分米一斗二升五合

一＼道心

　本石別　二反小　　分米二石三斗三升三合四夕

　　　　　一斗五升　御石別免

　　　半分一石一斗六升五合六夕　納分

一《キと》左近四郎　御石別六十歩　　分米一斗四升八合四夕

　　　半分七升二合二夕

（四五）

一＼正善

本田　一反三百五十歩　　分米六斗三升五合

本開　小　　分米一斗

新開　一反三百卅歩　　分米五斗七升五合

本石別　一反半　　分米一石五斗

御石別　一反三百歩　　分米二石四升五合

大番　半卅六歩　　分米三斗　　六升二合五夕開不
　　　　　　　　　　　　　　　二斗二升五合わうはん
　　　以上五石一斗五升五合　　一斗一升御石引免
　　　半分二石五斗七升五合五夕　一斗御石引免　かりや
　　　納分二石八升　　　　　　以上四斗九升七合五夕

一＼　道念　兵衛太郎
本田　四十歩　　分米三升六合
新開　四十歩　　分米三升四合
本石別　半　　　分米五斗
御石別　一反半卅六歩　分米一石七斗一升
　　　　　　　　　　　五升　御石引免
　　　以上二石二斗八升　　一石〔×四〕納分
　　　半分一石一斗四升　　九升[redacted]　円珎弁

一＼　退藏庵　代上衛門
本田　二反三百卅六歩　分米九斗四升
　　　半分四斗七升

（四四）

一＼サカヤ弥太郎
本開　九十歩　分米七升五合
半分三升七合五夕

一＼門衛門
本田　三反六十歩　分米一石一升四合
新開　一反九十歩　分米三斗七升五合
本石別　半　分米五斗
御石別　三反六十歩　分米三石三斗三升五合
以上五石二斗二升四合

殿村名　四斗二升五合五夕殿村名
二石七斗納分
二石六斗一升二合自名
一斗　御石別免
以上三石三升七合五夕　以上二石八斗
＼未進二斗三升七合五夕切出

殿村名　一＼殿村名代門衛門

本田　一反大　　分米五斗三升四合
新開　一反廿歩　分米三斗一升七合
以上八斗五升一合
半分四斗二升五合五夕

一＼介二郎

未進＼七斗一升九合　　未進七升一合九合
歹＼四斗一升九合　　三＼斗　惣方名過コス

（四二）

惣方名

一＼二郎太郎
御石別　半卅六歩　分米五斗一升　ヤシキ分
半分二斗五升五合　三升　納分
二斗二升五合弥左衛門納分

一＼さこ《コタ》の二郎
本田　七十二歩　分米六升四合
半分三升二合

一\ 公文名　代左衛門四郎
本田　二反　　自給引
本開　四反　　分米一石二斗
新開　大　　分米二斗　　納分
以上一石四斗　半分七斗

一\《シヤク》衛門二郎
本田　廿八歩　　分米二升五合二夕
御石別　一反　　分米一石三斗二ゝ
以上一石三斗二升五合二夕
半分六斗六升二合六夕　　五斗三升納分
\未進一斗三升二合六夕切出

一\ 永正庵
本田　四十四歩　　分米三升九合六夕

(四二)
一\ 三郎二郎

本田　廿歩　分米一升〔×斗〕八合
新開　半十歩　分米一斗五升八合五夕
本開　大　分米二斗　五升　シヤケンちやう
本石別　一反半　分米一石五斗　七升五合　御石引免
御石別　七十二歩　分米一斗　二升五合　開不
以上一石九斗七升六合五夕　納分　八斗
半分九斗八升八合三夕　三升八合　納分

一＼　東方
本田　小卌六歩　分米一斗三升九合
御石別　二反卌歩　分米一石八斗

ツシ名
以上一石九斗三升九合　三斗　ツシ名過コス
半分九斗五升四合五夕　四斗四升三夕
九斗（九斗）五升四合五夕　自名　二斗五升　御石引免

さうりん名
三斗〔×五十〕五升七合　北方　一斗五升　さうりん名御石引免

一斗五升　せんつうあん　七斗納分
三石二斗七合五夕　藏林坊　二石一斗納分　又二斗五升納分
以上四石六斗六升九合　五斗納分　代左衛門太郎弁

（三八）
本田　二反七十歩内一反イレウ　歹二反七十歩　分米三斗八升三合
御佃　九十歩　分米五斗
・二〔×五〕升五合　免ツタタ
以上八斗八升三合　一斗二升五合御佃・フ・ソク〔×免〕
半分四〔×升〕・斗四升一合五夕　五斗　宮使
過上二〔×三升三合〕・斗・八合五夕　以上六斗〔×二升〕・七升五合
月公事米コス

一　円珎
本田　五反百十一歩内五反別當給引　歹百十一歩　分米一斗
本開　一反大十歩　分米五斗八合五夕

新開　七反七十歩　分米二石一斗五升八合五夕
大番　一反大九歩　分米八斗四升一合六夕
御石別　三反　分米三石
御佃　九十歩　分米五斗
以上七石一斗八合六夕
半分三石五斗五升四合三夕

三石五斗五升四合三夕　自名
六斗三升六合五夕　若如
一石五斗八升八合五夕　しゆとくいん
二石二升三合八夕　せいしんあん
一石五斗五升七合五夕　せいしんあん
以上九石三斗六升六夕

一斗二升五合　御佃フソク
二升五合　御佃免
一斗五升　御石引免
三升一合二夕　定不ヤシキ
二升五合　フクキヤウキ
二石二斗五升　御上分米
二斗二升五合　開不
三石　やわたより地下助成分

（三九）

一石五斗二升九合四夕納分

〔×二〕・四斗七升

以上九石三斗六升六夕

一石　衆納

一斗五升　大はん衆納

以上九石三斗六升六夕

八斗　納分

以上九石三斗六升六夕

一＼若女代円弥

本田　一反三百四十歩　分米六斗二升三合

新開　半　分米一斗五升

大番　一反　分米五斗

以上一石二斗七升三合

半分六斗三升六合五夕

一＼次郎衛門

本田　一反小五歩内一反本井料引　分米一斗一升一合五夕
本開　大　分米二斗
新開　百十歩　分米九升三合五夕
大番　三百廿四歩　分米四斗五升
御石別　二反八十歩　分米二石一斗五升五夕
本石別　二反半　分米二石五斗

（四〇）

御佃　九十歩　分米五斗
以上六〔×三〕石五合五夕　七升五合　免御石別
半分三石三合八夕　一斗二升五合　御佃フソク
三石三合八夕　自名　五斗　上分米
五斗八升七合　タウチヤウ　五石四斗　納分
八斗五升三合五夕　トラ一　以上六石一斗
七斗三升一合七夕　吉長　過上九斗三升四合
以上五石一斗六升六合　月公事米コス

圓仏名

一＼　角〔×年〕方

本田　一反半卅歩自給引　分

本開　大五十歩　分米二斗四升二合

新開　二反九十歩　分米六斗七升五合

御石別　五段　分米五石二斗

二斗　免御石引

以上六石一斗一升七合　一斗　ミソノロ

半分三石五升八合五夕　二石二斗八升　圓仏名過コス

未進四斗七升八合五夕

定藏坊名

（三六）

一＼　定藏坊名　代弥左衛門

四反小卅歩　押領使給ニ引
三反卅歩　圖師給ニ引
一反六十歩　下司給ニ引
四反徴夫給ニ引

本田　一町七段三百十歩内　分米壹石六斗六升三合

歹五反七十歩　〃〃分米

本開　一反小　分米四斗

「本田　六十六歩　分米五升九合四夕」
新開　三反五十歩　分米九斗四升二合
大番　四反　分米二石
御石別　小　分米一斗
以上五石一斗六升四合三夕
半分二石五斗八升二合二夕

永久名
一＼永久名代常てうあん
本田　二反大五十三歩　分米九斗四夕
本開　三百四十歩　分米二斗八升四合
新開　大　分米二斗
以上一石三斗八升四合四夕
半分六斗九升二合二夕　四斗納分代弁
二斗九升二合二夕　納分

鯰江名
一　鯰江名代弥左衛門
本田　二町三反五十五歩内　二丁 自給引　殘三反五十五歩　分米一石九合五夕

（三七）

新開　一反五十歩　分米三斗四升二合

以上一石三斗五升一合五夕

半分六斗七升五合八夕

一　万茶羅田　代弥左衛門

新開　二反小四十歩　分米七斗三升四合

半分三斗六升七合

百済寺

一　百済寺田代弥左衛門

本田　小十八歩　分米一斗二升三合二夕（八升四合）

新開　三反半四十歩　分米一石二斗五合二夕

以上一石二斗五（七）合二夕

半分六斗二升七（三）合六夕

妙音寺

一　妙音寺代弥左衛門

本田　三反半四十二歩　分米一石一斗五升七合四夕

本開　三百五十歩　分米二斗九升二合

新開　二反　分米六斗

以上二石（四）五升九合四夕

半分一石二升四合七夕

一（正金）左衛門五郎　半分五斗八升七合

（三五）

一弥左衛門

本田　六反卌六歩　分米一石九斗五升二合

本開　半　分米一斗五升

新開　大廿二歩　分米二斗一升八合六夕

御石別　二反六十歩　分米二石一斗三升

本石別　半　分米五斗

以上四石九斗五升五夕

半分二石四斗七升五合三夕

二石四斗七升五合三夕　自名　五斗七升五合　開不

鯰江名
妙音寺
永源寺
百濟寺

二石五斗八升二合二夕　定藏坊　一斗　ミソノロ
六斗七升五合八夕　鯰江名　四斗　御石別損免
三斗六升七合　曼陀羅田　七升五合　アラウソ
一石二升四合七夕　妙音寺　七石取　納分
三石一升三合八夕　永源寺　三石　納分
七斗六合五夕　円法　以上十一石一斗五升
六斗六合　百濟寺地藏堂田
六斗三合六夕　百濟寺
以上十二石五升四合九夕　＼未進九斗四合九夕　納分

一＼　円法　代弥左衛門
本田　九十歩　分米八升
御石別　一反小　分米一石三斗三升三合
以上一石四斗一升三合　半分七斗六合五夕納分

(三四)

一＼　洗心庵　代円弥　一反　本井料

一反　別當給

二反　トヨミツ

本田　九段百十歩内　　分米一石六斗九升八合

本開　大卅歩　　分米二斗二升五合

新開　三反　　分米九斗

大番　半卅歩　　分米二斗九升二合

以上一石四斗一升七合

半分七斗八合五夕

以上三石一斗一升五合

半分一石五斗五升七合五夕

一　集地庵　代弥四郎

本開　三百卅歩　　分米二斗七升五合

新開　小十五歩　　分米一斗一升二合五夕

大番　三百歩　　分米四斗二升

御石別　七十二歩　　分米一斗

以上九斗七合五夕

道場名

一＼ 道場名代次郎衛門　　半分四斗五升三合八夕

本田　三反半五十歩　分米一石一斗六(七)升五(四)合

（二二二）一＼ 大應寺今常てうあん

本田　半卅歩　分米一斗八升七合

本開　一反　分米三斗

御石別　卅六歩　分米五升

以上五斗三升七合　納分

半分二斗六升八合五夕

十王堂名

一＼ 十王堂名

本田　百八歩　分米九升六合

新開　一反半四十歩　分米四斗八升四合

以上五斗八升　半分二斗九升　大催名弁

一＼ 大應庵

本田　二反六十歩　分米六斗九升四合
本開　二反小　分米七斗
新開　五段八十四歩　分米一石五斗七升二夕
大番　卅六歩　分米五升
三升七合五夕　開不
以上三石一升四合二夕　一石七斗五升九合六夕　納分
半分一石五斗七合一夕　以上一石七斗九升七合一夕
過上二斗九升　十王道〔堂カ〕名コス

十王道名

（三一）

一＼　からはんあん代円仏
一丁一反ワウリヤウシ給引
本田　一町一反ロ三百四十八歩内（殘三百四十八歩）　分米三石五斗一升三合二夕＼三斗二升（分米三斗一升一合）
新開　一町一反大四十歩　分米三石五斗三升四合
大番　一反小　分米六斗六升六合七夕
以上四石五斗一升二合七夕

半分二石二斗五升六合四夕

一、りさうあん代円仏

本田　七反半卅二歩　　分米□〔二〕石四斗二升八合八夕

新開　二反大廿歩　　分米八斗一升七合

以上三石二斗四升五合八夕

半分一石六斗二升二合九夕

永源寺名

一、永源寺名　代弥左衛門

本田　八段大卅歩　　分米二石八斗

本開　六段百十歩　　分米一石八斗九升三合五夕

新開　二反大四十歩　　分米八斗三升四合

（三二）

大番　一反　　分米五斗

以上六石二升七合五夕

半分三石一升三合八夕

一＼　若宮殿　代若衛門

本田　三反三百四十五歩　分米一石二斗七升五夕

新開　四反小十歩　分米一石三斗八合五夕

以上二石[redacted]五斗七升九合

半分一石三斗四合五夕

過上一石〔×六〕九斗五〔×一合五〕升八夕　三斗五升　殿ミ堂

内六斗年貢公事米コス　三斗五升　小田苅堂

道円コス　三斗五升　若宮殿

過＼上一石九斗五升一合八夕内　〔×二〕一斗五升五升　はし田

六斗　道圓公事米コス　六合三夕　定不

九升五合　秀士名未進コス　二石　私きしん

六斗　秀士月公事米コス　二斗　私開不

五斗四升四合七夕五郎二郎衛門月公事コス　一斗　けまい

一斗一升二合一夕神主若衛門コス　以上二石九斗六合三夕

秀士名

月公事米

過上一石六斗一合」

以上三石二斗五升六合二夕

一＼妙連内講　代道円

本開　小　分米一斗

半分五升

（三〇）

本田　三反大　分米一石一斗七升四合

「本田　半　元圓仏　分米一斗六升」

新開　一反六十歩　分米三斗五升

御石別　一反　分米一石

以上二石五斗二升四合　一石　納分

半分一石二斗六升二合　五升　免

九升九合三夕円仏過コス〔納分〕

一斗一升二合七夕代□□

以上

ゆう名

一＼ゆう名

本田　一反半　分米四斗八升

本開　一反半十歩　分米四斗五升八合五夕

新開　小　分米一斗

御石別　一反　分米一石

納分　五斗

以上二石三升八合五夕　納分　三斗二升代

半分一石一升九合　納分　二斗三升一合

過上三升二合返代取

金光寺

一＼金光寺　代弥四郎

本田　一反小十二歩　分米四斗三升七合八夕

新開　卅歩　分米二升五合

以上四斗六升二合八夕

半分二斗三升一合四夕

（二九）

虎菊名

一　虎菊名　代円仏

本田　二町四反三百四十二歩内 一丁三反公文給引　分米三石八斗二升七合八夕

殘一丁一反三百四十二歩

本開　一反三百四十歩　分米五斗八升四合

新開　二反三百四十歩　分米八斗八升四合

以上五石二斗九升五合八夕

半分二石六斗四升七合九夕

一　正法庵　代円仏

新開　小　分米一斗

半分五升

善性名

一　善性名　代円仏

本田　三反六十歩 内三反ワヴリヤウシ給引　分米一石一升四合

歹六十歩　分五升四合

本開　大　分米二斗

新開　三反小五十歩　分米一石四升二合

大番　一反半　分米七斗五升

以上三石六合
　二石四斗六合
半分一石二斗三合

一　弥九郎

大進名

（二八）
一　大進名　代円仏
本田　一段百十六歩　分米四斗二升三合四夕
新開　九十歩　分米七升五合
以上四斗九升八合四夕
半分二斗四升九合二夕

大坊名

一　大坊名　六斗納分　過上一斗五升五合
本田　二反　分米六斗四升ゑもん太郎月公事コス
新開　三百歩　分米二斗五升
以上八斗九升
半分四斗四升五合

正心名

一＼　岩本坊　代円仏

本田　七段内六反ケンケウ給引
　　　殘一反　　分米三斗二升

本開　三百卅歩　　分米二斗七升五合

大番　一反廿四歩　　分米五斗三升三合五夕

以上一石一斗二升八合五夕

半分五斗六升四合三夕

一＼　正心名　代円仏

新開　一反　　分米三斗

半分一斗五升

（二七）

吉長名

一＼　西光院殿　代道円

本田　大卅歩　　分米二斗四升

半分一斗二升

一＼　吉長名　代二郎衛門

本田　一反六十六歩　分米三斗七升九合四夕
本開　一反　分米三斗
新開　二反半四十歩　分米七斗八升四合
以上一石四斗六升三合四夕
半分七斗三升一合七夕

一＼泉衛門
本田　三反三百四十歩　分米一石二斗八升
内一反イレウ引
ノコル二反三百四十歩　分米九斗四〔×六〕升四合
本開　六十歩　分米五升
御石別　二反　分米二石六斗

（二二八）

御佃　九十歩　分米五斗
以上四石九升四合　以上四石六升〔×四斗〕三升　一斗二升五合　御佃フソク
半分二石四升七合　半分二石三升一升五合　七升五合　御石引免
二石一斗　土宮ツノリ

過上七斗八升八合　　五斗　　宮使
月公事米コス　　三升五合　　ロ米
以上二石八斗三升五合

一＼秀士
本田　百五歩　　分米九升〔斗〕四升五夕
新開　小　　分米一斗
本石別　一反　　分米一石
御佃九十歩　　分米五斗
一斗二升五合　ツクタフソク
以上一石六斗九升　　五斗　　宮使
半分八斗四升五合　　五升　　木本ツノリ
＼九升五合　未進切出　　二升五合　ツクタ免
五升　　御石引免
以上七斗五升■

一＼弥《子ツ》二郎

禪林名

一＼新開　廿歩　分米一升七合　納分
　禪林名　代ませ山方
　本田　一反六十歩　分米三斗七升四合
　新開　三反　分米九斗
　以上一石二斗七升四合
　半分六斗三升七合

（二五）

曹源寺

一＼曹源寺代道珎
　新開　一反大　半分二斗五升　分米五斗　七升五合　不　代納分
　過上七升五合　中三堂名コス

中三堂名

一＼長村兵衛二郎
　本田大番　二反　七十二歩元れうせんあん　分米六升四合　分米五斗一石
　半分五斗三升二合

長村

一＼中村弥五郎代弥四郎

大番　一反　　分米五斗
　　半分二斗五升
一　阿ミた仏　代彦五郎
本田　一反小　　分米四斗二升七合
本開　三反小廿歩　　分米一石一升七合
新開　二反半五十歩　　分米七斗九升二合
　　以上二石二斗三升六合
　　半分一石一斗二升五夕
一　寂城庵　代道珎
本田　百八歩　　分米九升七合二夕

（二四）
新開　百十歩　　分米九升三合
本開　九十歩　　分米七升五合
　　以上二斗六升五合二夕　　代納分
　　半分一斗三升二合六夕

一＼道円
新開　卅歩　　分米二升五合
本石別　一反　　分米一石
御石別　二反　　分米二石五斗
御佃　九十歩　　分米五斗
一石一斗五升　御石別免
一斗二升西光院殿分　以上四石二升五合
一斗二升五合　御佃定免
五升　内かう　半分二石一升二合五夕
二升五合　御佃當免
二石一升二合五夕自名
五斗七升五合　御石別免
以上二石一斗八升二合五夕
以＼上七斗二升五合
一石四斗五升七合五夕　ウンチン遣候
以上二石八升二合五夕納分

一＼上とくゆう衛門　かき
本田　一反　　分米三斗二升
御石別　卅歩　　分米五升

御佃　九十歩　　　分米五斗

〔二三〕

以上八斗七升　　一斗二升五合　御佃フソク
半分四斗三升五合　二〔×五〕升五合　當免フソク
四斗七升タイサウアン　五斗　上分米
以上九斗五合　　一石　　弥四郎納分
以上一石六斗七升五合
此内過上七斗四〔×七〕升五合
月公事米コス

一＼　泉蔵坊
本開　一反　　分米三斗

一＼　若衛門神主　半分一斗五升
本田　三反大　　分米一石一斗七升四合
新開　六十歩　　分米五升

御石別　二反大　分米二石九斗五升

本石別　二反　分米二石　五斗上分米

御佃　九十歩　分米五斗　三石六斗二升納分

二升五合　御佃免

以上六石六斗七升四合　五升　免御石別

半分三石三斗三升七合　一斗二升五合定免

（三）

一石三斗四合五夕　六斗五升とのミタウ　以上三石八斗二升

若宮殿分　一斗五升　若宮殿　四石三斗二升

〔×四〕　一斗五升　はし田

過上•九斗八升三合　二　六合三夕　定不

内七斗三升七合五夕　二石　私きしん

〔×二〕

同中•ノ名コス此内　二斗　開不　若宮田

■斗一升五合月公事米コス

中ノ名

一斗一升五合ノコル

一＼彦七

御佃　九十歩　分米五斗

半分二斗五升　一斗二升五合　御佃定免

二升五合　當免

＼未進一斗　切出

納分

一＼中村 兵衛三郎ゑもん

本田　六反　分米一石九斗□〔二〕升

納分

半分九斗六升

一　衛門《カラス》

御石別　八十四歩　分米一斗一升六合七夕

半分六升八合四夕　二升五合　しゆちあん納分

一升五合　衛門九郎《なかうし》　納分

一＼道から

本石別　半　分米三斗
御石別　一反　分米一石
御佃〔×石別〕　九十歩　分米五斗
以上一石〔×八斗〕八斗　五斗　宮使〔×文〕
半分九斗　一斗二升五合御佃フソク
二升五合　免
納分五升〔二斗〕

〔三〕

一源正衛門五郎
御石別　一反　分米一石
御佃　九十歩　分米五斗
以上一石五斗　三斗　宮使
半分七斗五升　一〔×御〕斗二升五合　御佃フソク
二升五合　御佃免
未進一斗切出　二斗　御石引免

小岸下

以上六斗五刀

一＼小岸下彦二郎

新開　小〔卅〕□歩　分米一斗二升五合　納分

半分六升

立蔵名

一＼立蔵名　代泉衛門

五升　七月七日ツノリ

新開　小卅歩　分米一斗二升五合

一＼新名　小岸下代彦二郎　半分六升二合五夕　一升二合五夕納分

新名

新開　小　分米一斗

半分五升　納分

一＼北兵〔衛〕衛門九郎

小十〔二カ〕□歩たうしゆコス　南九十歩巾殿コス

常泉名

内小常泉名コス

本田　二反八十四歩　内一反中ゐもん太郎コス

歹　六十六歩定蔵坊へコス

（二〇）

御佃　九十歩　分米五斗

一斗二升五合　御佃免

半分二斗五升　二升五合　同免

三升七合五夕　同免北

大貳名

一＼大貳名

本田　一反　分米三斗二升

本田　五十六歩　分米五升四夕

本田大　元馬　分米二斗一升四合

新開　半　分米一斗五升

以上五斗二升四夕　代納分

七斗三升□〔四〕合四夕　半分□〔三〕斗六升七合二夕

一＼北　十阿ミ　弥五郎

本田　三反大卅歩　分米一石二斗一合

御石別　三反　分米三石二斗

本石別　一反　分米一石

常泉名

御佃　九十歩　分米五斗

過上六斗九升

内二斗八升七合七夕阿ミた仏コス

以上五石九斗一合

半分二石八斗五升五夕

五斗御佃免　二升五合宮使

三斗五升三合　納分常泉名過コス

四斗五升　御石別免

五升　カリヤ

(一九)

内一斗六升孫太郎北コス

歹内二斗四升二合五夕月公事米コス

以上

一斗二升五合　定御佃フソク

六升二合五夕　御佃免

二石　納分

以上三石四斗九升五夕

以上三石五斗四升五夕

大貳名

一北ノ馬

本田　三百四十歩内大　大貳名コス　歹百歩　分米九升

新開　大　分米二斗

本石別　三反　分米二石八斗五升

御石別　三反半　分米三石六斗
御佃　九十歩　分米五斗
以上七石二斗四升　五斗　宮使
半分三石六斗二升　一斗　ハタリ
一斗二升五合　定御佃免
二升五合　同免
三升七合五夕　同免口入内
未進三斗八〔×七〕升三合
•切出
四斗五升　御石引免
二石　納分
以上三石二〔×三〕斗三升七合
•

虎一名

一　虎一名　代二郎衛門
本田　三百廿歩　分米二斗八升八合
新開　半四十歩　分米一斗八升四合
本開　三百卅歩　分米二斗七升五合

（一八）　本田　　三反　　分米九斗六升

以上一石七斗七〔×升〕合

半分八斗五升三合五夕

一＼タツ兵衛五郎

御石別　半　　分米四斗

半分二斗　　納分

一＼　兵衛九郎

本田　　半卅歩　　分米一斗八升七合

半分九升三合五夕

一＼　初若

本田　　小卅歩　　分米一斗三升四合

半分六升七合　　六升五合　納分

二合未進　切出

岸本名

一＼　岸本本名代ませ山方

本田　　一町六反三百四十二歩　　分米五石四斗二升七合八夕

唐招提寺史料第一　（三二七）

本開　九十歩　分米七升五合
新開　五反六十歩　分米一石五斗五升
大番　二反　分米一石
以上八石五升二合八夕
半分四石二升六合四夕

（一七）

一 正金 左衛門（×五）四郎
本田　六反卅四歩　内一反井料　五反公文給引　歹卅四歩　分米三升六夕
本開　五十五歩　分米四升六合五夕
新開　一反大五十歩　分米五斗四升二合五夕
御石別　四反小　分米三石七斗六升
御佃　九十歩　分米五斗
以上四石八斗七升九合六夕
半分二石四斗三升九合八夕
一斗二升五合　御佃不足

公文名

二升五合　佃當免
五升　御石引免
一斗　ミソロ
二斗五升　カハヤキ
一斗　イマイ
五升　サンシチ
五斗　宮使
二石四斗　納分
以上三石六斗
過上一石一斗六升二夕内（夛四斗六升二夕月公事米コス　七斗公文名コス）

圖師名（一六）

一　圖師名　定過上一斗四升三夕
本田　二反小　自給引　分米　一斗五升　開出立
本田　半卅歩　自給引　分米　八升七合五夕　但是元立用　不
新開　六十五〔×七〕歩　分米五升四合二夕
二升七合五夕　不

一斗　ミソノ口
御石別　一反　分米一石　一斗　サンシチ留名
五斗二升七合一夕　自名　一斗　御石別免

下司名

二斗　下司名　以上一石五升四合二夕　五升四合五夕　不
四斗六升二合六夕

東方名

以上一石一斗八升九合七夕　半分五斗二升七合一夕　納分
三斗　東方名コス　一石六升一合　納分
過＼上四斗四升三夕内　以上一石六斗二升六合

石女名

一＼石女名代おく方
〔本〕□田　三百五十歩　分米三斗一升二合
本開　一反十歩　分米三斗八合五夕
新開　大五十四歩　分米二斗四升六合
本開　七十歩　分米五升八合五夕
以上九斗二升五合
納分
半分四斗六升二合五夕

松若名

一＼松若名代弥左衛門ス（ママ）

（一五）

本田　四反五十六歩〔×五〕　分米一石三斗三升四夕

本田　九十歩元妙𨗉〔蓮〕　分米八升

新開　三反百十歩　分米九斗九升三合五夕

以上二石四斗三合九夕　一石一斗二升　納分

半分一石二斗二合　八升二合　弥左衛門納分

一＼又三郎名小いけふせ方

新開　半八歩　分米一斗五升六合五夕

大番　半卅歩　分米二斗七升二合五夕

御石別　二反　分米一石五斗　七斗　納分

以上一石九斗二升九合　五升　御石引免

半分九斗六升四合五夕　二斗一升四合五夕弥左衛門納分

一＼七郎左衛門

本田　二反九十歩　分米七斗二升

新開　五十歩　分米四升二合五夕

本開　一反　分米三斗

以上一石六升三合一夕　四合三夕　定不
半分五斗三升一〔×二〕合六夕　四斗　納分
一斗二升七合三夕　納分
以上

一　北殿　代東方

（一四）

本田　小　分米一斗七合
御石別　六十歩　分米二斗五升
以上三斗五升七合
半分一斗□□〔升〕八合五夕　納分

下　司　名

一　下司名　代おく方
本田　一町八段三百歩　自給引
本開　一反小　分米四斗
半分二斗　納分

一　やうこうあん

本田　一反五歩　分米三斗二升四合五夕

半分一斗六升二合三夕　＼一斗五升　若宮殿ツノリ

未進一升二合三夕

一＼せんつうあん　代東方

本開　一反　分米三斗

半一斗五升　納分

一＼壽徳院　代円弥

本田　六反小五十五歩　分米二石七升六合五夕

（二）

新開　一反六十歩　分米三斗五升

大番　一反半　分米七斗五升

以上三石一〔×八〕七升斗六合五夕

半分一石五斗八升八合三夕

一＼れうせんあん代彦太郎

＼本田　七十二歩兵江二郎入　分米六升四合

藏林名

一＼藏林名代東方

本田　一町三反三百卅歩　分米四石四斗五升七合

本開　六十歩　分米五升

大番　三百卅歩　分米四斗五升八合

御石別　一反六十歩　分米一石三斗五升

新開　小　分米一斗

以上六石四斗一升五合

半分三石二斗七合五夕

（一〇）

三川名

一＼三川名代林方

本田　八段百五歩　分米二石六斗五升四合五夕

新開　五反卅歩　分米一石五斗二升五合

本開　小　分米一斗

二石七升　納分

以上四石二斗七升九合五夕

一＼洗心あん　代円弥

半分二石一斗三升九合七夕　六升九合七夕　納分

本田　九段半廿五歩　分米三石六升二合五夕

本開　九十歩　分米七升五合

新開　一反百十歩　分米三斗九升三合五夕

大番　一反十二歩　分米五斗一升六合五夕

以上四石四升七合五夕

半分二石二升三合八夕　納分

（九）

一＼弥四郎

本田　一反小廿歩　分米七斗六升五合

本開　一反十歩　分米三斗八合五夕

新開　廿歩　分米一升七合

御石別　一反大　分米一石六斗六升七合

本田　一反　分米三斗二升

さうけんし
大定名
こんくうし
孫五郎名
大定名
寂法名

以上三石七升七合五夕
半分一石五斗三升八合八夕
一石五斗三升八合八夕　自名　　三斗　開不
一石三斗九升六合六夕　さうけんし　二斗五升　免御石引
二石一斗二升九合五夕　大定名　一石五斗　納分
二斗三升一合四夕　こんくうし　四石　代納分
四斗五升三合八夕　しゆちあん　以上六石五升
以上五石七斗五升一夕
「一孫五郎　二斗五升　過上三斗内
二斗五升孫五郎名コス
歹五升返」
一　今大定名
寂法名　代弥四郎
本田　一町半乙
七反半四十一歩　余（ママ）二石四斗三升六合九夕
大番　三反半五十二歩　分米一石八斗二升二合

以上四石二斗五升八合九夕
半分二石一斗二升九合五夕

〔二〕

一＼道円衛門
御石別　三百歩　分米七斗
半分三斗五升
一＼　如法經田代向方
本田　一反半十二歩　分米四斗九升八夕
本開　三百歩　分米二斗五升
新開　一反　分米三斗　一斗五升納分
一斗五升不
＼示現寺一斗五升三合六夕　以上一石四升八夕
半分五斗二升四夕　未進三斗七升四夕切出
以上六升七升四合
六斗七升四合

示現寺

一＼春忍衛門二郎

本開　四十歩　　分米三升四合
御石別　一反六十歩　　分米一石一斗三升
以上一石一斗六升四合　　五斗　納分
半分八升二合（五斗）　　五升　御石引免
未進三升二合
三升二合　免

一＼円道
弥二郎
御石別　一反大四十歩　　分米一石り六斗
半分八斗　　五升免
七斗五升納分

一＼
五郎三郎

（或ハ續クカ）

（一三）
本石別　一反四十八歩　　分米一石六升
半分五斗三升　　三斗　カネツキ
過上二升　　一斗　シキシ給

一斗　ケマイ
五升　免御石別
以上五斗五升

一＼實藏坊

彌六名

御石引　一反元弥六名　分米一石二斗
本田　二反七十二歩　分米七斗四合
本開　大四十歩　分米二斗三升四合
新開　一反小四十歩　分米四斗三升四合
御石別　百八歩　分米一斗八升
以上三石一斗五升二合　以上二石七斗五升二合
半分一石五斗七升六合　半分〔×二〕一石三斗七升六合

ふくせん名

五升三合五夕　ふくせん名　三斗八升八合　二
五斗二升〔×五〕一合二夕　たうきん　二石五斗　納分
一石三斗七升六合　自名　過上五斗四升二合内

以上一石九斗五升七合　　一斗一升二合五夕

過上四斗二〔×三〕升　さへもん五郎月公事米コス

一＼　円中若神主代

本開　半卅歩　分米一斗七升五合

新開　一反　分米三斗

以上四斗七升五合

半分二斗三升七合五夕

福泉坊

一＼　福泉坊

本田　小　分米一斗七合

半分五升三合五夕　納分

（八）

一＼　弥八

本石別　一反　分米一石

本田　卅歩　分米二升七合

以上一石二升七合

半分五斗一升三合五夕　　五斗納分

未進一升三合五夕切出

小岸下郷
妙、音寺

一　小岸下郷
一　妙音寺　代馬
本開　半　　分米一斗五升
新開　大　　分米二斗
以上三斗五升　　刑部太郎弁
半分一斗七升五合　　納分

（七）

一　彦五郎
本開　半　　分米一斗五升
新開　四反半　　分米一石三斗五升
〔御〕□佃　九十歩　　分米五斗
以上二石　　五斗二升五合　上分米

一石　自名　半分一石
一石一斗二升五夕　阿ミた
四斗四升七合五夕　陀羅尼
二斗四升四合　大夫公
以上二石八斗一升七合五夕

四〔×八〕斗二升〔×五斗〕五合　開不
一斗二升五合　御佃フソク
三〔×五〕升五合　御佃免
一斗　中藏井
三斗　入部時下用
一石六斗二升　納分
以上四石三斗一升七合
以上三石七升五〔×九〕合
過上二斗七〔×五〕升八〔×七〕合
月公事米コス

陀羅尼名

一＼たらに名　代彦五郎
本開　三百歩　分米二斗五升
新開　二反五十歩　分米六斗四升二合五夕
以上八斗九升二合五夕

半分四斗四升七合五夕

（六）

一 大夫公 代彦五郎

新開 一反半四十歩 分米四斗八升四合

半分二斗四升二合

一 内林東方

本開 二反半 分米七斗五升

新開 一反卅歩 分米三斗二升五合

以上一石七升五合

半分五斗三升七合五夕

五斗一升七合納分

二升五夕開不

一 せいけんあん

新開 小 分米一斗

半分五升 納分

一 中三堂 代彦五郎

本田　一反大　分米五斗三升四合
本開　二反小十歩　分米七斗八合五夕
新開　□〔三カ〕反半十歩　分米一石五升八合五夕
以上二石〔×七〕三斗〔×五〕三升一合　一斗七升五合〔七升五合〕中三堂ツノリ〔イ〕
半分一石一斗五升五夕　八斗　納分
未進二斗五升■合五夕
未進一斗八升　切出
内五升五合　納分
七升五合　納分さうけんし過コス

（五）

一　北清水郷
一　たうしう
本田　小十二歩〔元〕兵江衛門九郎名コス　分米一斗一升七合
御石別　半　分米二斗二升
半分一斗六升八合五夕

さうけんし
北清水郷
兵江衛門九郎名

一＼円正
新＼開　六十歩　衛門太郎コス　分米五升
一＼阿ミた仏　代弥五郎
本田　一反大四十六歩　分米五斗七升五合四夕
弥五郎名　半分二斗八升七合七夕　北弥五郎名過コス
一　衛《チヨ》門太郎
本石別　小卅歩　分米四斗六升
一＼弥太郎　半分二斗三升
本田　一反　分米三斗二升
弥五郎名　半分一斗□〔六〕升　北弥五郎名過コス

(四)

一＼左近九郎
本石別　一反　分米一石
半分五斗　五升　御石引免

日光寺

一\ 日光寺
新開　二反　　分米六斗
半分三斗　　二斗　同ツノリ
七升五合　開不
二升五合　納分

一\ 又六道善
御石別　半　　分米五〔×四〕斗
半分二斗五升　　納分

一\ 衛門五郎　本石別半内　　分米四斗
半分二斗　　納分

一\ 道円
本石別　九十歩　　分米二斗五升
本田　四十歩　　分米三升六合
以上二斗八升六合
半分一斗四升三合　納分

一＼　衛門九郎
本石別　一反小　分米一石三斗三升三合四夕
半分六斗六升六合七夕

(三)

一＼　弥五郎うこ
本田　小　分米一斗七合
本石別　一反　分米一石
御石別　一反六十歩　分米一石三斗五升
以上二石四斗五升七合
半分一石二斗二升八合五夕
一石一斗七升　納分
五升　御石引免
＼八合五夕未進

一ヽ　衛門三郎
本田　小十歩　分米一斗一升六合

唐招提寺史料第一　(二三七)

新開　小廿歩　分米一斗一升七合

御石別　一反　分米一石　一升五合免

以上一石二斗三升三合　六斗納分

半分六斗一升六合五夕

未進一合五夕切出

一〱　妙円

本石別　小廿歩　分米四斗六升四合二夕

（二）

本田　小卅二歩　分米一斗一〔三〕升五合八夕

〱以上六斗

半分三斗

一〱　常泉

本田　小　北兵江衛門九郎コス　分米一斗七合・七〔×八〕夕

本田　三反卅歩　分米九斗八升七合

本石別　半　　分米五斗

以上一石四斗八升七合　一斗五升　ヤクシタウノツノリ

以上一石五斗九升四合　一石　納分

半分七斗九升七〔×四〕合　以上一石一斗五升

過上三斗五升三合十阿ミコス

一＼衛《カチ》門二郎

本石別　一反　　分米九斗五升

御石別　半　　分米二斗八升

以上一石二斗三升

半分六斗一升五合　納分

一＼左近三郎

本石別　九十歩　　分米二斗

半分一斗　納分

〔二〕本田　一反小　　分米四斗二升七合

本開　一反半　分米四斗五升

新開　大廿九歩　分米二斗二升五合

以上一石一斗二升二合

半分五斗五升一合　五升　納分

納分

一＼大蔵坊

本田　半四十歩　分米一斗九升六合

新開　大卅歩　分米二斗二升五合

本開　一反　分米三斗

以上七斗二升一合　五斗　納分

半分三斗六升五夕　過上一斗四升

一石六斗三升　納分

一斗四升　御石引免

一＼兵衛

御石別　三反小　分米三石五斗四升

半分一石七斗七升

附　録

附一　備前國津高郡葛垣村常地畠賣券

○東京帝國大學圖書館所藏文書、『大日本古文書』六参照、字面ニ「津高郡印」二十三顆アリ、

葛垣村□□〔人長カ〕漢部阿古麻呂解　申依正税不成常地賣買畠□〔事〕

合畠参段　充直稲捌拾束　東田　南漢部眞長畠
西□〔田カ〕　□〔北〕漢部古比麻呂畠

右依□□口漢部□□人之大税不成散波畠常地□〔賣〕与□〔同〕郷三野臣乙益如件、依券文造貳通、一通進郡家、一通給今主、仍注事狀、券案立置、以解、

寶龜五年十一月廿三日戸主漢部「阿古麻呂」

税長書直「麻呂」

郷長寺「廣床」

徴漢部「古比麻呂」

葛　垣　村

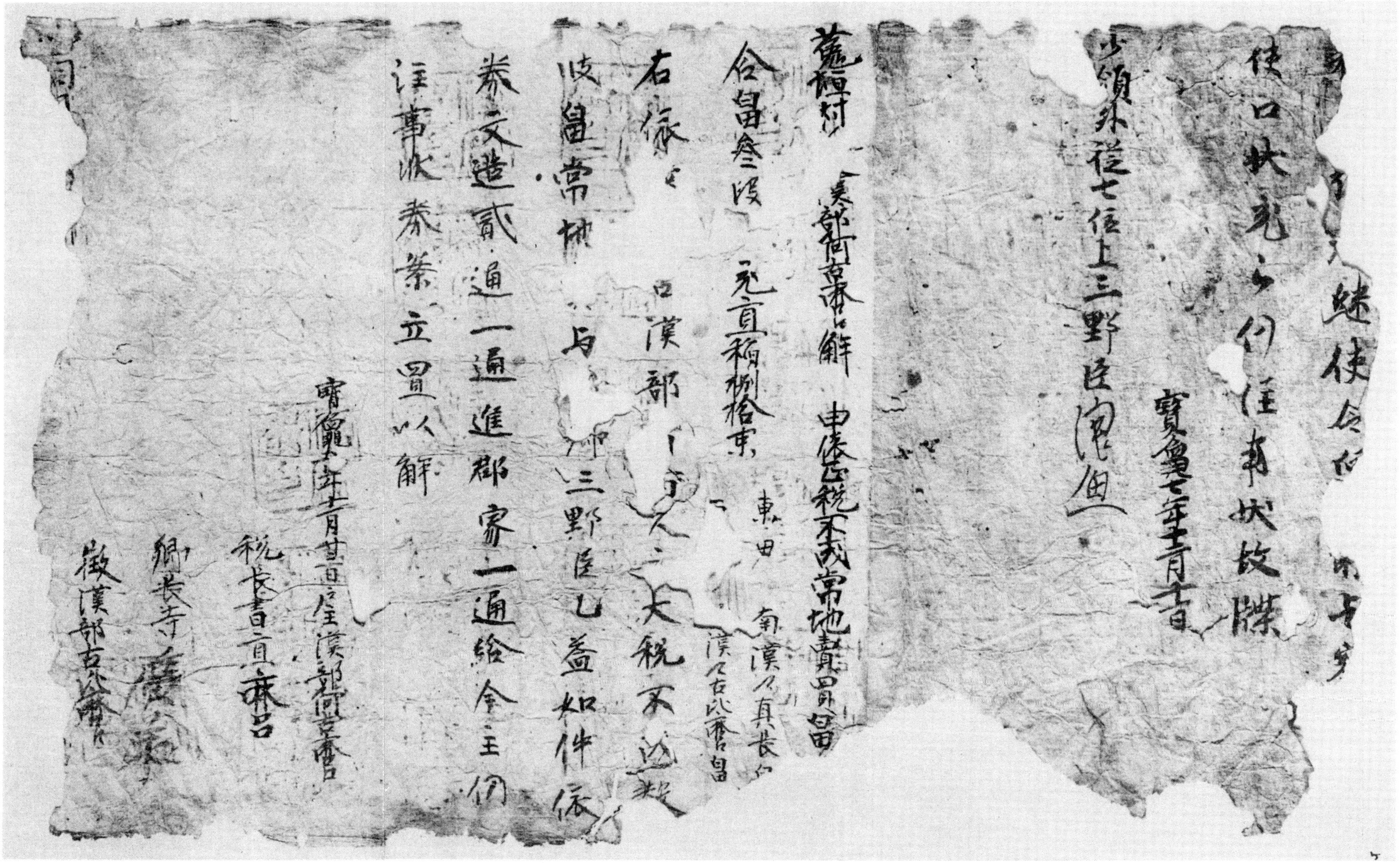

備前國津高郡司牒（前闕）并同郡菟垣村常地畠賣券（附三・一號）

（別筆）
「以同月□」

附二　備前國津高郡收税解

○吉田文書

（附箋）
「寶龜記年備前國津高郡解」

津高郡收税□可請百姓等陸田直稲事

合肆伯伍拾束

以十二月十一日受伯玖拾肆束

漢部古比麻呂八十束

漢部大楷六十八束

三野臣薗生十七束　已上先券

桉作部千紲十三束

漢部眞長十六束

遺貳伯伍拾陸束
以前陸田直、且請所幷遺注進如件、唯遺者既成正税、是以後日、望將請、仍注事狀、謹解、

寶龜七年十二月十一日尾張「祖継」

附三　備前國津高郡司牒斷簡（前闕）

○東京帝國大學圖書館所藏文書、『大日本古文書』六參照、字面ニ「津高郡印」十一顆アリ、

□繼使令向□所乞察□使口狀充之、仍注事狀、故牒、

寶龜七年十二月十一日

少領外從七位上三野臣「浪　魚」

（奥繼目裏書）
「招　提　寺　判」

附四　近江國坂田郡大原郷長解寫

○正親町伯爵家舊藏唐招提寺施入田劵文寫、字面ニ「坂田郡印」寫三十一顆アリ、

近江國坂田郡
大原郷

坂田郡大原郷長解　申部内百姓賣買墾田立劵文事

大原一條三里廿今牟小田地三段　直稲壹佰貳拾束

四里六莇作田東二段　直稲捌拾束

大原二條三里廿五墓原田北二段　直稲玖拾陸束

近江國淺井郡
湯次郷

右、得部内百姓秦繼麿解狀偁、件墾田□價直稲貳佰玖拾陸束、淺井郡湯次郷戸主[ ]下的臣吉野戸口中嶋連大刀自咩、沽与限永年[ ]、仍立劵文如件、以解、

賣人坂田郡大原郷戸主秦[ ]

買人　中嶋連太[ ]

保戸主　秦廣雄

秦酒田万□

郷長　敢廣主

承和三年三月廿四日

郡判

大領外正七位下穴太村主「牛刀自□」　主政外大初位下志賀忌寸

擬主政大初位下春日臣

〻〻〻〻〻ニ百木ヘ

附五　賣券斷簡寫

○正親町伯爵家舊藏唐招提寺施入田券文寫、字面ニ某郡印寫八顆アリ、

息長眞人雄鼎

郷長酒人眞人長田麿

□判

擬大領外從八位下穴太村主　主政外少初位下三宅人

副擬大領息長眞人「淨河」　擬主帳无位尾張連「繼主」
擬少領外大初位下息長眞人「人麿」

附六　賣券斷簡寫

○正親町伯爵家舊藏唐招提寺施入田劵文寫

□價直常地□

□石川朝臣屎子既訖、仍立新劵□

□間、且立白紙劵文、如件、

貞觀十五年四月廿五日

平群朝臣富益

僧官康

花押集

1 □教 四四

2 屋代伊兵衛 五一

3-1 長順房頼秀 五二

3-2 長順房頼秀 六〇

4 尊成・ 五七

5 城某 五七

6 懐弘 五九

7 盛弘 六〇

8 辰巳殿藤 六〇

9 懐弘 薬師寺金蔵院 六八

10 長恵 六七

11 井上宗栄 六八

12-1 俊良 七三

12-2 俊良 七六

13-1 栄祐 七三

13-2 榮祐 七六

14 舜學 七五

15 行賢 七六

16 春海 七六

17 空泉 七六

18 宥明 八三

19 照海 八四

20 津田紹憲 八五

21 秀賢 八六

22 慶然 八六

23 實尊 八六

24 了清 八六

25 照瑜 八七

26 秀長 九〇

27 我喬 九〇

28 元昶 九〇

29 照盛 九二

30-1 寶圀照珍 九四

30-2 寶圀照珍 九四

30-3 寶圀照珍 九四

30-4 寶囿照珍 九五

30-5 寶囿照珍 九六

31 寺主法眼某 一三〇

32 公文某 一三一

33 代官某 一三一

34 公文大法師某 一三二

35 法印某 一三二

36 法眼某 一三二

37 源長貞 一四六

38 尼圓妙 一四七

39 大法師宗源 一四七

40 平秀繼 一四七

41 法眼行實 一四八

42-1 奉行上座某 一四九ノ一

42-2 奉行上座某 一四九ノ二

43 隆賢 一四九

44 定慶 一五〇

45 沙彌永選安富左衛門大夫入道 一五一

46 沙彌智得内藤肥後入道・盛貞 一五一

47 公文慶賢 一五二

48

大内持世　一五三

49

杉宗國　一五四

50

重勝　一五五

51

道圓 内藤駿河入道、　一五五

52

高海　一五六

53

慈雄　一五七

54

畠山政長（寫）　一五八

55

飯尾清房　一六一

56

飯尾元行　一六一

57

弘中武長　一六六

58

尼妙金　一六七

59

祐玉　一六七

60

丸山長正　一六七

61

丸山宗次　一六七

62

武勝　一六八

63

善法寺掌清　一六九

64

内藤盛貞 法名有貞　一七〇

65

池内長延　一七一

66-1

安富正員　一七三

66-2

安富正員　一八三

67 内海忠久 一七三

68 河田家滿 一七三

69 大館常興 一七四

70 杉弘依 一七五

71 繁久 一七六

72-1 遊佐長教 一七七

72-2 遊佐長教 一七九

73 弘員 一七八

74-1 弘中正長 一八〇

74-2 弘中正長 一八五

75-1 赤佐秀久 一八二

75-2 赤佐秀久 二〇三

76 杉重信 一八四

77-1 木澤長政 一八六

77-2 木澤長政 一八七

78 松村安久 一八八

79 盛喜院眞珪 一八九

80-1 玄朝（松田甚藏入道） 一九一

80-2 玄朝（松田甚藏入道） 一九二

81 栗本坊春乗 一九四

82 薗小谷家秀 一九五

83 （氏名未詳） 一九六

84 片岡元俊 一九六

85 落合勝經 一九七

86 光津 二〇〇

87 高吉 二〇〇

88 孫三郎 二〇一

89 覺乘 二〇二

90 能宗 二〇四

91 松屋左衛門大夫 二〇五

92 圓滿寺又海 二〇六

93 尊圓 二〇七

94 善乘 二〇八

95 教圓 二〇八

96 □教 二〇八

97 尊熹 二〇九

98 國成右衛門太郎行師 二一〇

99 照尊 二一一

100 尊通 二一二

101 顯雄 二一四

102 菅原氏女 二一四

103 けんおう 二一五

104 ミやうしん 二一五

105 沙彌正阿 二一六

106 行覺 二一七

107 乙松 二一八

108 蓮聖 二一八

109 秦貞重 二一八

110 河田家長 二二一

111 石井顯親 二二二

例言

一、本書收錄の文書にある花押は繼目裏花押その他の一部を除きすべて收錄した。
一、右傍に花押番號（アラビア數字）、人名、文書番號（漢數字）をつけた。
一、同一人の花押が二つ以上あるときは、たとえば（30-1）（30-2）として示した。
一、花押の大小は同一縮尺を原則としたが（約½）、次のものは特に大型のため縮尺を變更した。11 13-2 14 22 26 30-3 30-4 31 35 36 42-1 43 54 57 63 70-1 70-2 79 80-1 80-2 97
一、蠹蝕・破損は現狀のままとした。また署名と重複して原形を判別し難いものは署名の一部も併せ掲げた。

解　題

現在唐招提寺には數多くの古文書が傳えられているが、大別するともとから當寺に傳えられて來た文書（唐招提寺文書）と、後世になつて當寺の所藏に歸した文書（唐招提寺所藏文書）とに分けられる。前者には當寺の創建當時以來の各時代の古文書があり、後者には東大寺舊藏文書や末寺の古文書がある。末寺の文書では善法寺（京都府八幡町）、大覺寺（尼崎市）、法金剛院（京都市）、傳香寺（奈良市）、淡路國分寺等のものが見られるが、中でも善法寺文書は質量共に優れた文書である。本書に收めたのは唐招提寺文書中で整理し成卷にされているものの大半および同じく成卷にされている東大寺・大覺寺・善法寺の文書である。未成卷の唐招提寺文書にはなお一部に未整理のものがあり、その他の末寺の文書と併せて第二卷に收める予定である。以下、本書所收文書についてその概要を記すが、紙數の都合上主なもののみについて簡單に説明を加えるに止めざるを得ない。なお唐招提寺文書中、天・地の二卷は昭和三十二年二月重要文化財に指定された。

（一）唐招提寺文書　天之卷

天平寶字八年（七六四）より天承二年（一一三二）に至る間の年紀が見られるが、年紀を缺くものも何れも奈良時代より平安時代にかけての文書である。その內譯は一～七號が奈良時代、八～一八號が延喜年間以前、一九～二一號が十一～十二世紀前期のものである。

第一號は後半を缺き、破損も甚しく、文意の明瞭でないところが多いが、父母の遺財を父の妹等に奪取られたのを取返すために出された解の案文である。しかし文中の個有名詞の來るべきところを「ム」「ム甲」としており、解の本文そのままではなく、書式を示すための例文として形を改められたもので、書札禮の一種ともいうべきものである。なお文中に「去寶字」と見え、この解案の原文が書かれたのは天平寶字年間又はそれを降ること遠からざる頃と考えられる。本文は宣命書になつており、奈良時代の國語資料としても貴重である。

紙背には某寺々領の略繪圖が畫かれている。解案の首部には、それと天地逆方向に「□龜二年二月十二日給頭笠大夫」の端書が加えられているが、内容的にこの解案との關連は考え難く、橋本進吉氏が『南京遺文解説』において言われたようにこの繪圖の端裏書と見るべきものである。表の兩端に「觀音寺印」かと見られる朱方印が捺されているが、これは紙繼目印で、もとは各三顆宛あつたものと思われる。端裏書の意味は判然としないが、「頭笠大夫」が寄進したとの意であろうか。なおこの朱印によりこの繪圖は觀音寺領圖と稱すべきものであろう。「頭笠大夫」の「頭」は寮の長官、「大夫」は五位以上を意味するが、この笠大夫の名は現在明かにすることができない。年號については上の一字を缺くが、奈良時代の文書であることは疑なく、龜のつく年號を求めると靈龜・神龜・寶龜の三つがあげられる。しかし寺領の寄進とすれば靈龜・神龜ではなく寶龜とするのが最も妥當のようで、寶龜二年と推定した。

觀音寺については正倉院文書中に見える「觀世音寺」又は「觀音寺」がこれに當るのではなかろうか。福山敏男氏の研究によると、觀世音寺は天平十年頃よりその存在が見えている。寫經所は同寺より經論その他の諸書をしばしば借請けており、重要な經典等を多數藏する寺であつたようである。そして寫經所との密接な關係から、筑紫の觀世音寺ではなく、奈良又はその近くにあつた寺と考えられる。現在大和郡山市に觀音寺なる地名が存しており（右京九條一坊附近）、観音寺はもとこの附近にあつたのではなかろうか。なお同寺は唐學生僧正智通の建立という（以上福山敏男『奈良朝寺院の研究』參照）。

繼目印と文字との前後關係を見ると「□龜二年二月云々」においては明かに文字の上に朱印が捺されている。一方解案本文末行においては一見したところ文字の墨の上に印の朱の痕跡は認め難い。墨の上に朱印が捺された場合には墨の上に微かながらも朱の存在が認められるのが通例である。しかしここでは紙の上には朱が比較的よく殘つているにも拘らず、墨の上に朱の痕跡が認め難いということは、朱印を捺した上に後から文字が書かれたのではないかと思わせる。解案より朱印が先にあつたとすれば、『南京遺文解説』に解案が先に書かれ、反故となつて後裏を利用して繪圖が畫れたというのとは逆に、繪圖が先にあり、反故とされた後解案が書かれたことになる。この繪圖は他の關連文書と共に連券になつていたものであろうが、田券もしくはそれに類する文書が反故とされることは例が少い。もし墨と朱印の前後關係が前述のように墨が後ということになるならば、奈良時代における所領關係文書の保存についても問題を含むことになる。原本について更に精密な検討を加える必要がある。

なお繪圖について「治田支度」としたところは「御田文度」とも讀めそうであるが、一先ず前者をとった。特に「文」については第一畫の點の輪郭が複雑であるから「支」としたがなお問題は多いように思われる。裏打紙により繪圖の細部については確認に困難が多い。

第二號以下は備前國津高郡津高鄕・山城國相樂郡祝園鄕を始め、播磨・大和・近江（坂田郡）・因幡等の所領に關する文書である。第一六號唐招提寺使牒には長谷寺參詣のことが見えており、延喜頃における長谷信仰を示す史料として興味深いものである。

(二) 唐招提寺文書　地之巻

第二二號は前後を缺き、何年のものかは明かでない。『大日本古文書』(巻二十五)はこれを唐招提寺造營の時のものとしている。福山敏男(1)・安藤更生(2)兩氏はこれに對して異論を出され、その年代を延暦年間以降に下げられた。卽ち『大日本古文書』未收斷簡に「京上時也」「京小寺主」とあることにより、その年代は京が長岡或は平安京に遷つた後であろうとし、更に「唐和上」とあるが唐招提寺では鑒眞以外の法載・義淨・如寶も唐和上と稱するから、これをもつて鑒眞生前の證據とすることはできないといわれる。

福山氏は更に記載されている釘などの使用量が少いのは寺院主要部の造營又は大修理の際のものではなく輕い造作程度の時のものであるとして造營當時(奈良時代)の證據にはならないと主張され、更にそこに見える國師・小國師について、天平勝寶元年に國ごとに大小國師が任ぜられ、延暦十四年八月に國師は講師と改稱されているから、これによつてこの用度帳の年代は限定されるといわれる。卽ち福山氏は以上によつてこの用度帳を長岡京遷都の延暦三年から延暦十四年までの期間のものと推定された。

これに對して太田博太郎氏(3)はここに見える僧名中、良肇・善勝・惠行については、天平二十年から神護景雲三年までの文書にその名が見えることにより、奈良時代のものと主張された。また「京上」については、京に上つてきた時のことと解すれば先の考えに差支えは生じないといわれる。三名もの僧名が正倉院文書中に見えることを偶然の一致として捨てさることは困難のようでもあり、かなり有力な極め手とも考えられるが、「小寺主」と「京小寺主」が併記されていることについてはいかに解すべきか疑問が残る。又僧善勝・惠行については延暦頃まで生存していることも全く可能性がないわけでもない。このように考えれば太田説にも難點があり、なお福山説を打破るまでには至らない。

この本文について、福山氏の解讀は優れたものであるが、(4) 原本或は史料編纂所影寫本においては全く判讀困難な文字についてもよく推定の注記を加えておられる。本書においてはこうした部分については推定の注記を避け、墨痕等により可能なもののみを注記するに止めた。福山氏の研究を併せ參照して頂きたい。

註（1）福山「唐招提寺用度帳」（『日本建築史研究　續編』所收）
（2）安藤「唐招提寺總說」（近畿日本叢書『唐招提寺』一五頁）
（3）太田「唐招提寺の歷史」（『奈良六大寺大觀十二　唐招提寺一』解說一〇頁）
（4）註（1）參照

（三）唐招提寺古文書集　玄之卷

二五―三〇號は昭和三十二年當寺寶藏解體修理の際、小屋裏から多くの纖維製品等と共に發見されたものである。文書については書風紙質より概ね平安時代を降らないものと推定されるが、破損が甚しく、原形を留めないことが惜しまれる。なお中には一部を丸く截斷されたものがあり纖維製品の芯に用いられていたものもあったようである。聖教殘闕は文書よりも時代が降り、鎌倉時代以降のものと見られる。一八號田圖斷簡はごく一部を存するに過ぎないが、奈良時代末期乃至平安時代初期頃のものと見られる。現在は本文折込圖版の如くに貼られているが、疑點が多く、坪番號記載樣式から各斷片の位置を復原すると口繪第四圖の如くになる。その復原による本文を次に掲げる。

（廿二）
（前闕）
□□
□五十五
□戸主
□秋万呂一
□二百□歩東

（廿七）

（廿一）
（前闕）
部□□□□
□□戸主
□田直眞□段
百卅四束束

廿八

（廿）
（前闕）
□□□
五歩東 □
右八田戸主□
直□刀□

（廿九）

（十九）
□益二百□
□公田一段二百廿
□□□□田直
□刀自女□給東
□公田
十五歩東

卅

（四）唐招提寺古文書集　黄之巻

鎌倉時代頃（十三〜四世紀）と見られる文書が多いが、第四二號は平安時代末（長寛頃）、第四七號以下は室町時代末期以降（十六世紀）のものである。第三六號は鑒眞和上將來の舍利に對する信仰が廣く一般に行われていたことを示す史料の一つである。第三八號は中世歌謡の一資料である。斷簡としたが、表裏は續くようで、或はこれで完結したものと見ることも可能である。

（五）唐招提寺古文書集　宇之巻

昭和三十二年、寶藏解體修理の際、北側母屋北面中央に文書を収めた木箱が釘で打付けられているのが發見された。この木箱ならびに文書が第五二號文書奉納箱および第五三號以下の十通の文書である。(1)文書を木箱に収めて建物に打ち付けた實例は稀で、文書の保管方法としては特異な例であるが、當寺には他に四點の文書奉納箱が現存している。その中の一點は舍利殿（現鼓樓）二階に打ち付けられていたことが明かであり、他のものも舍利殿に納められていたものと考えられる。(2)宇之卷に収める文書には舍利殿方・修理方・聲明講方・長老坊方等寺内各方の文書が一括されているが、他の文書奉納箱にも「味曾方文書」と記されたものがある。これによつて當寺では室町時代頃には、文書保管に當つてそれを木箱に入れて建物に打ち付ける方法がしばしば取られていたことが考えられる。これは他寺でも時に行われたことが考えられるが、その實例は報告されておらず、當時における古文書の保管方法を考える上で貴重な資料である。

註（1）『唐招提寺寶藏及び經藏修理工事報告書』二六頁ならびに第一二七・一二八圖參照

（2）田中稔「唐招提寺舍利殿奉納文書について」（『佛教藝術』六四號）參照

（六）唐招提寺古文書　洪之卷

第六三號威儀師慶源釜直請文のみは善法寺文書である。第六六～六八號の三通は、もとは一幅の掛幅裝として合裝されていた。

（七）照珍長老文書

唐招提寺第五十九世（中興第三十九世）玉英照珍關係の文書を集めて一卷としたものであるが、當寺にはなお他に數通の未成巻の照珍關係文書が藏されている。照珍は自ら寶圓と號し、又光照と稱した。河内國津田氏の出で、弘治元年に生れ、幼名を春松丸という。永祿九年壽德院照瑜の門に入り、元龜三年附法を受け、天正七年別受戒を授けられた。慶長十年八月六日唐招提寺に入り、以後寛永五年十二月六日七十四歳で寂するまで、當寺長老の任にあつた。この間に泉涌寺・傳香寺・法金剛院・善法寺・金剛寺・壽德院等の諸寺にも住している。照珍長老文書には照珍入室の時より寛永四年の置文や辭世懷紙まで關係文書がよく揃つている。(以上は『招提千歳傳記』巻上之三 傳律篇「第五十九世玉英珍和尚傳」ならびに『照珍長老文書』参照)

(八) 唐招提寺舊藏田劵寫

外題には「唐寺舊藏田劵寫二十一通」とあるが、後に加えられたものである。唐招提寺文書の寫(影寫か)であるが、原本は所在を失い、その一部は東京國立博物館や林康員文書(史料編纂所影寫本)・鈴鹿氏所藏文書(京都大學文學部國史研究室影寫本)に見えている。又正親町伯爵家舊藏文書(史料編纂所々藏)中に「唐招提寺施入田劵寫」(影寫か)として、「唐招提寺舊藏田劵寫」とほぼ同内容の寫があるが、その包紙に「文化六年」とあり、その頃の寫と考えられる。兩者所收文書の大半は一致するが、一部に出入が認められる。即ち正親町本には第二一號(天之巻)・第四六號(黄之巻)の寫があり、第一〇八・一〇九・一一八號の三通を闕き、附錄第四・五・六號は正親町本のみに見えている。從つてこの兩本は共に當寺にあつた文書を寫したものであるが、その書寫年代は大きな違はなく、江戸時代末期頃であろう。なお兩本共に誤寫があり、兩者を校合することによつてかなりその誤を訂すことができる。

(九) 唐招提寺古文書集 東大寺(荒之巻)

いずれも東大寺舊藏文書で、當寺に入つたのは比較的新しい時代のことと思われる。なお第一四九號鳥羽谷作手給田支證券文は「八幡善法寺文書第二」に收められているが、これも東大寺文書の一部で、誤つて善法寺文書に入れられたものである。第一三〇號は今錢に非ざる錢を嫌い撰錢することを禁じたもので、撰錢に關する史料として興味あるものである。

（十）攝津大覺寺文書

兵庫縣尼崎市にある寺で、中世には攝津國長洲庄に屬していた。現在も大覺寺には多くの古文書が收藏されているが（兵庫史學會編『大覺寺文書』參照）、史料編纂所影寫本（明治二十二年影寫）には本書所收の文書も收められており、同寺より流出したのはそれ以後のことである。なお現在缺損している部分も、この影寫本によつてその一部を補うことができる。

（十一）八幡善法寺文書・八幡古文書（六卷）

共に京都府綴喜郡八幡町にある善法寺の舊藏文書である。當寺は正嘉元年石清水八幡宮の別當宮清によつて中興され、八幡三社務家の一つ善法寺家によつて維持されて來た。從つて當寺の文書には祠官善法寺坊領關係文書が多數見えており、石清水八幡宮文書を補うものである。豐前國大野井・畠原下崎庄等關係の文書が多く、その中には同國守護大内氏關係の文書も少くない。所領關係文書としては豐前國の他に山城國男山附近、河内國大交野庄・星田郷・中振郷、近江國岸本郷等がある。又永正元年の德政關係文書も見られる。

（十二）石清水八幡宮祠官要略抄、同紙背文書

これも善法寺舊藏である。もと袋綴裝であつたが現在は改裝されて卷子本になつている。文書を飜しその紙背に記されているが、料紙は楮紙で、原表紙（現第一紙目）も共紙である。第五三紙には永正十二年五月日の實家書寫奥書があり、永正十二年の書寫にかかることが知られる。本書は石清水八幡宮祠官の系譜ならびにその略歴を記したものである。ここに記載されている祠官ならびに略歴はかなり詳細で、他の系圖等には見られないものもあり、石清水八幡宮の史料として重要なものである。なお卷末には軍陣その他における武家の故實と覺しきものが書寫されている。

紙背には名寄帳があるが、首尾を闕き、年紀も場所も不明である。しかし祠官要略抄が永正十二年の書寫であるから、それを若干溯る十六世紀初頭頃のものであろう。ここには地名として南清水郷・長村郷・小池郷・小岸下郷・北清水郷等が見えるが、近江國愛智郡内にいずれもその地名が見えており（小岸下は不明であるが上・中・下岸本がある）、ほぼ、この附近のものと考えられる。善法寺坊領に近江國岸本郷があり、この岸本郷の名寄帳ではなかろうか。

（十三）附錄

唐招提寺舊藏文書で、現在當寺には寫も存しないものであるが、他の文書との關係からこの卷に併せ收めた。附錄第一・三號は東京帝國大學附屬圖書館所藏文書であつたが、大正十二年の關東大震災で烏有に歸した。しかし史料編纂所にその寫眞原板が保管されており、それによつて『大日本古文書』を校合し、又寫眞版として掲げることが出來た。その他は吉田文書（史料編纂所影寫本）ならびに前述の正親町伯爵家舊藏「唐招提寺施入田劵寫」より採つた。

あとがき

奈良國立文化財研究所においては昭和二十九年寶藏ならびに伽藍所在の美術工藝品ならびに典籍古文書の綜合調査を行ない、昭和三十五年には美術工藝・建造物兩研究室が主として金堂を、歴史研究室は典籍古文書ならびに古瓦を中心に第二回の綜合調査を實施した。昭和三十六年以降も各部門毎に補充調査を行つたが、典籍古文書についてはその數も多く、現在もなお未調査のものが殘つているような状態である。しかしこれまで調査した中にも學界未紹介の重要な資料も少くない。そこでまず古文書ならびに寺誌をとりあげ、『唐招提寺史料』と題して逐次刊行することにした。現在においては古文書編二冊、寺誌編一冊を豫定しているが、今後の調査によつては若干の變更を加えることもあろう。

典籍古文書類の調査關係者中研究所分は次の通りである。

田中稔、狩野久、岩本次郎、横田拓實、鬼頭清明、加藤優、永野溫子

なお東大寺の堀池春峰、新藤晋海兩氏には調査に際し常に御協力を頂いた。又本書の編集に際しては寶月圭吾・赤松俊秀・新田英治・皆川完一諸氏を始め多くの方々の御教示を仰いだ。長期間にわたる調査に際して惜しみなき御援助御協力を頂いた森本孝順長老猊下を始め唐招提寺當局の方々には何と御禮申上げたらよいかわからない氣持である。共同精版印刷株式會社には、本書のような面倒な史料集の印刷を引受けられ、しかも編集者の無理な注文を快く聞入れて頂いたが、多くの御迷惑をおかけしたようである。本書の刊行もこうして多くの方々の御力添えなくしては全く不可能なところであり、ここに記してあつく御禮申上げる次第である。

なお本書の編集は主として田中稔、加藤優、永野溫子が擔當した。また解題は田中稔が執筆した。

（歴史研究室　田　中　稔）

昭和四十六年九月三十日　發行

奈良國立文化財研究所史料第七冊

唐招提寺史料第一

版權所有者　文化廳

編集兼發行者　奈良國立文化財研究所

印刷者　共同精版印刷株式會社

發賣所　株式會社　吉川弘文館

113・東京都文京區本郷七丁目二番八號

振替口座東京二四四番

電話東京八一三—九一五一（代表）

唐招提寺史料 第一（オンデマンド版）

2015(平成27)年6月1日　第1刷発行

編集・発行　独立行政法人国立文化財機構
奈良文化財研究所

発売所　株式会社 吉川弘文館
〒113-0033　東京都文京区本郷7丁目2番8号
TEL　03(3813)9151(代表)
URL　http://www.yoshikawa-k.co.jp/

印刷・製本　株式会社　デジタルパブリッシングサービス

ISBN978-4-642-01576-9